RUAS E REDES
DINÂMICAS DOS PROTESTOS BR

RUAS E REDES
DINÂMICAS DOS PROTESTOSBR

Regina Helena Alves da Silva
(ORG.)

1ª edição
1ª reimpressão

autêntica

Copyright © 2014 Regina Helena Alves da Silva
Copyright © 2014 Autêntica Editora

Todos os direitos reservados pela Autêntica Editora. Nenhuma parte desta publicação poderá ser reproduzida, seja por meios mecânicos, eletrônicos, seja via cópia xerográfica, sem a autorização prévia da Editora.

EDITORA RESPONSÁVEL
Rejane Dias

REVISÃO
Priscila Justina
Lúcia Assumpção

CAPA
Ricardo Furtado
(Sobre foto de Tomás Pinheiro)

DIAGRAMAÇÃO
Christiane Morais

Dados Internacionais de Catalogação na Publicação (CIP)
(Câmara Brasileira do Livro, SP, Brasil)

Ruas e redes : dinâmicas dos protestosBR / Regina Helena Alves da Silva , (org.). -- 1. ed.; 1. reimp. -- Belo Horizonte : Autêntica Editora, 2015.

Vários autores.
ISBN 978-85-8217-447-0

1. Administração do tempo 2. Comunicação de massa 3. Movimentos de protesto 4. Movimentos sociais 5. Movimentos sociais - Brasil 6. Redes sociais on-line I. Silva, Regina Helena Alves da.

14-03077   CDD-303.484

Índices para catálogo sistemático:
1. Movimentos sociais e mídia : Sociologia
303.484

Belo Horizonte
Rua Aimorés, 981, 8° andar . Funcionários
30140-071 . Belo Horizonte . MG
Tel.: (55 31) 3214-5700

São Paulo
Av. Paulista, 2.073, Conjunto Nacional,
Horsa I . 23° andar, Conj. 2301 . Cerqueira
César . 01311-940 . São Paulo . SP
Tel.: (55 11) 3034-4468

Televendas: 0800 283 13 22
www.grupoautentica.com.br

Sumário

Apresentação 7
Regina Helena Alves da Silva, Paula Ziviani

Imagens violentas nas manifestações de 2013
Multiplicidades, estética e dissenso nas narrativas
em vídeo de comuns e de instituições 15
Carlos d'Andréa, Joana Ziller

Acontecimentos agenciados em rede
Os eventos do Facebook no dispositivo protesto 39
Geane Alzamora, Tacyana Arce, Raquel Utsch

A marcha nas ruas e o movimento nas redes
Autocomunicação de massa e *mise en scène* 67
Sônia Caldas Pessoa

Novas faces do interior
Cidades de Minas Gerais em rede durante os
protestos de junho de 2013 89
João Marcos Veiga

Fios de política que tecem redes
A web e os intelectuais hoje 113
Valdeci da Silva Cunha

Vandalismo e política nas redes sociais
Caso dos Anonymous e Black Bloc 141
*Regina Helena Alves da Silva, Inês Correia Guedes, Amanda
Chevtchouk Jurno, Gabriel Mascarenhas Ribeiro de Paula*

Os autores 187

Apresentação

Regina Helena Alves da Silva
Paula Ziviani

A diversidade de opiniões, reivindicações e pontos de vista embaralhou as compreensões dos movimentos sociais. Acostumados que estávamos a movimentos bem definidos com relação à reivindicação e ao campo de atuação nos deparamos com um infinito mar de possibilidades avançando pelas ruas e na internet. Esse momento no Brasil ficou conhecido como as *Jornadas de Junho*. Múltiplas temporalidades atravessaram o país e as suas cidades. As jornadas foram um acontecimento-núcleo de diversas questões que se fundiram em um determinado intervalo de tempo.

Um tempo-surpresa fez surgir as perguntas:

Esse momento se parece com qual? A partir dessa questão buscaram na história recente do país outros acontecimentos que tiveram elementos que podiam indicar uma explicação para a surpresa: se parece com as Diretas Já? O *impeachment* do Collor?

Muitas respostas foram dadas, mas a surpresa permanecia. Ninguém conseguia lidar com a multiplicidade de diferenças que foram para as ruas. Movimentos organizados, movimentos pouco organizados e uma multidão de "desorganizados".

Vários tempos foram às ruas. Os tempos dos movimentos que surgiram por volta dos anos 1960, de luta por direitos civis como o LGBT e o das mulheres. Movimentos que surgiram nos anos 1990 ligados ao direito à cidade como o Movimento Passe Livre e também os movimentos por moradia que surgiram na cena das lutas contra o déficit habitacional. Grupos de ação direta ligados a movimentos anarquistas, como os Black Blocs, que foram trazidos para o Brasil. E grupos dispersos como o que ficou conhecido como o dos "coxinhas", que são principalmente jovens de classe média que foram às ruas ou para a "festa" ou para reivindicar privilégios e extinção de direitos coletivos.

É verossímil que essa diversidade de tempos presentes nas ruas complexifica ainda mais a compreensão do atual momento por que passa o país. A complexidade também se dá pelo fato de que nos arriscamos a falar sobre algo ainda em curso, iniciado em junho do ano passado, mas com reverberações inimagináveis quase um ano depois.

Contudo, *Ruas e redes: dinâmicas dos protestosBR* não é um livro sobre esses movimentos, suas identidades e reivindicações, é um livro sobre a dinâmica, o tempo e as temporalidades que explodiram em um acontecimento aparentemente único na história brasileira.

Trata-se de um livro que procura refletir sobre os múltiplos pontos de vista e as tentativas de conformação de um ponto de vista único... É um livro principalmente sobre o tempo presente. Esse que permite que nos comuniquemos "em tempo real" – a possibilidade que temos hoje de fazer algo juntos ao mesmo tempo, mas em espaços diferentes. Beatriz Sarlo (2005, p. 95) diz que

> [...] de novo, o tempo aparece como um dado diferencial: o *modem* permite que nos comuniquemos em "tempo real" e uma pessoa pode passar receitas culinárias no próprio momento em que está cozinhando. O tempo é a nova qualidade desta sintaxe de objetos. O controle remoto, o fax [naquela época] e o *modem* produzem outra textura do tempo, desconhecida há [...] décadas.

Não se trata apenas do sentimento da necessidade urgente de se ter mais imagens, mas sim da velocidade com que elas seguem umas às outras, refletindo-se e se atropelando. Hoje o tempo é mais *fluido*.

Essa citação de Sarlo não foi escolhida ao acaso. Ela própria nos diz desse tempo acelerado que vivemos. O termo "modem" já caiu em desuso (o texto original é de 2004), por isso a necessidade da nossa observação após a citação do fax. Um equipamento reconhecidamente antigo, velho e ultrapassado, dez anos depois. E as nossas reticências permitem a extração de um trecho do texto, mas também a sua atualização.

A isso chamamos de dinâmica, uma dinâmica histórica, porque nos diz dos fenômenos de aceleração e deslocamento, do instantâneo e das permanências. A ideia de fluxo ligada ao tempo não pode ser vista como algo que nos arrasta em direção ao mar e sim como um território disputado. O tempo não é matéria constante e estável; sabemos que é plural e sempre em movimento, por isso neste livro estamos lidando com a dinâmica.

As várias possibilidades de "montagem" do tempo presente e da memória como o tempo passado sempre têm validade política específica nas relações que estabelecemos com o poder. Suas politicalidades se encontram menos nas chaves de interpretação do passado do que em sua articulação com as relações de poder e as lutas políticas que se dão no momento de sua enunciação.

É esse tempo acelerado, presentificado, chamado por muitos de "real" que nos tomou de assalto quando acompanhávamos as manifestações em outros lugares do mundo. Nosso grupo de pesquisa, o Centro de Convergência de Novas Mídias (CCNM) da UFMG já vinha, através de várias pesquisas financiadas pelo CNPq e pela Fapemig, trabalhando com projetos que interligam a cidade e a internet.

Se o tempo do instantâneo aparece pelo uso das redes sociais na internet, o tempo das coisas permanentes se faz nas cidades. As manifestações, que aconteceram no território urbano, trazem um traço do instantâneo e um traço de permanência. Revelam, sobremaneira, um traço de ocupação de um espaço de longa duração que é a cidade, onde se permitem mostrar as lutas pelo direito a ela. Raquel Rolnik, no prefácio do livro *Cidades rebeldes* (2013, p. 8), diz que podemos pensar as manifestações de junho de 2013 no Brasil como "[...] um terremoto [...] que perturbou a ordem de um país que parecia viver uma espécie de vertigem benfazeja de prosperidade e paz, e fez emergir não uma, mas uma infinidade de agendas mal resolvidas, contradições e paradoxos". Nesse mesmo livro Vainer (2013, p. 36) chama a atenção para o que nomeia de "pradaria" onde o incêndio se alastrou: nossas cidades.

O espaço urbano, as ruas de nossas cidades não foram dessa vez – como nas Diretas Já (1984) e no *impeachment* de Collor (1992) – palco de manifestações com reivindicações políticas muito bem definidas. As ruas, o espaço vivido das cidades, agora foram o lugar das manifestações, mas também conformaram o sentido das reivindicações. A "pradaria" é um dos fortes motivos do incêndio e não apenas seu lugar de acontecimento. Nesse sentido, as cidades não foram apenas o cenário de reclamação dos direitos, o espaço urbano se constituiu como um elemento ativo de modelação dessas dinâmicas, uma vez que foram as cidades um dos focos principais das reivindicações das mobilizações.

David Harvey em seu livro *Rebel Cities* (2012) diz que as cidades sempre foram foco de reflexão utópica e revolucionária. As lutas pelos direitos humanos e os movimentos urbanos se juntam em instantes de desafio aos poderes políticos e econômicos dominantes do capital.

O espaço das cidades e o espaço das redes sociais na internet foram se configurando como os lugares do movimento, agora um movimento interacional conformado por múltiplos tempos e espaços. Sobre essa multiplicidade que nos surpreendeu, neste livro entendemos que:

> [...] só a interação pode produzir mudanças (criatividade) e, por conseguinte, tempo. Não obstante a possibilidade de interação depende da existência prévia de multiplicidade (deve haver mais de uma entidade para que a interação seja possível: a forma pura da argumentação consiste, por suposto, em que a interação em si é parte integral da produção das entidades). De modo que: para que haja tempo deve haver interação; para que haja interação deve haver multiplicidade; para que haja multiplicidade deve haver espaço (MASSEY, 2008, p. 113).

Os movimentos de territorialização observados na cidade e na internet configuram-se como ações movidas por interesses de sujeitos ou grupos, movimentos que podem se estabelecer ao mesmo tempo, no mesmo lugar. A apropriação do espaço urbano acontece em um movimento dinâmico e relacional, onde alguns usos, ocupações, discursos, práticas e rituais já estão dados, estabelecendo limites e possibilidades para a ação dos homens.

Essas apropriações se dão em meio às configurações, codificações e legislações que regem um espaço e estão no movimento que é próprio da vida coletiva. Desse modo, um lugar se faz, se constrói, a partir de diferentes processos individuais e coletivos. Os homens, em interação, realizam movimentos de territorialização e desterritorialização diversos: um mesmo espaço pode comportar significações distintas e mesmo contraditórias. Na cidade contemporânea, a característica da mobilidade é compartilhada por indivíduos e territórios.

Ao caminharem pelas ruas das diversas cidades por onde passaram, os manifestantes realizam uma primeira forma de apropriação do espaço – aquilo que Certeau (1998) chamou de retórica ambulante. Nela se elegem os atalhos, desvios, paradas, elementos que se tornam significativos no/do percurso. Andando, enunciam sua forma de viver o lugar e a política, na qual emergem suas escolhas e as possibilidades que a cidade oferece.

Assim, sujeitos produzidos pelos terrenos virtuais da internet e das cidades estabelecem uma série de experimentações com diferentes estilos de vida e pontos de vista que foram dispostos uns sobre e em meio aos outros. A rua passa a ser o espaço do vivido, da explicitação dos conflitos e da desigualdade, o lugar da partilha – a partilha do comum, mas de um comum que é desigual. A rua passa a ser o espaço por excelência da visibilidade do enfrentamento, do questionamento dos confinamentos de cada um no seu lugar, e as novas tecnologias servem para o registro, a conexão "ao vivo", a internet como o lugar da transmissão do espetáculo que a performance da ação nas ruas quer contrapor à espetacularização capitalista. Do tempo rapidamente acelerado nos deparamos com um tempo da velocidade que se faz eternamente presente.

Por isso este livro entende que é fundamental discutir e problematizar a dinâmica de articulação entre as redes urbanas e as intermidiáticas nos recentes processos de mobilização política no Brasil. Entendemos que esse fenômeno é fruto da apropriação social das ferramentas digitais e do espaço urbano que, entre outros aspectos, se caracteriza por agenciamentos múltiplos e em rede, pela sobreposição de mediações sociotécnicas e por complexificação da circulação de ideias na interface entre internet e ruas.

É fundamental discutirmos o questionamento, que nos parece óbvio, da falsa dicotomia entre redes intermidiáticas e redes urbanas uma vez que a internet e a rua podem ser vistas como dispositivos (AGAMBEN, 2009) que se estabelecem através de redes que se articulam através de vários elementos, como por exemplo, os que foram usados nas manifestações brasileiras. Os dispositivos e as instâncias

APRESENTAÇÃO

de que daremos conta em seguida suspendem essa falsa dicotomia evidenciando os intercruzamentos produzidos.

- As *hashtags* que têm o poder de articular diferentes temporalidades (cumprem funções diferentes e complementares antes, durante e depois dos protestos). Permitem a articulação de indivíduos que não se conhecem e que muitas vezes têm interesses diversos. Exemplo: *hashtag* #VemPraRua, que, ao evocar uma suposta dicotomia entre internet e rua, na verdade acaba por entrelaçá-las ainda mais.

- Eventos do Facebook: são instâncias mediadoras que agenciam várias faces dos acontecimentos em rede. Funcionam como espaço de agregação que a princípio abrigam a heterogeneidade das demandas e dão visibilidade a uma multiplicidade de pontos de vista. Trata-se de uma das instâncias agenciadoras, talvez a principal, que explicita, incentiva e amplifica a articulação dos atores políticos em torno de um acontecimento em rede (que se dá na interface *on* e *offline*).

- Emissões audiovisuais (ao vivo, em especial): é importante destacar as especificidades das "imagens violentas" produzidas nas ruas por comuns durante os protestos e o poder destas de vincular, interpelar e provocar os interlocutores nas redes intermidiáticas, amplificando o acontecimento em rede. No caso da Mídia Ninja, e de outras transmissões ao vivo, essa relação é ainda mais intensa, pois a complexificação da circulação advinda das interações via redes sociais *online* é simultânea às situações transmitidas em vídeo. E essa ampla repercussão impacta imediatamente na atuação, *in loco*, do repórter Ninja ou *midialivrista* afim.

Esse fluxo se processa entre as ruas e as redes permitindo a articulação e a moldagem simultânea de tempos, espaços, pessoas e ideias. Todos os grupos, coletivos, movimentos e pessoas que surgiram na cena pública a partir das *Jornadas de Junho* têm diferenças ideológicas aparentemente irredutíveis, têm pontos de vista irreconciliáveis, mas todos compartilham uma visão comum de que somos um país em transformação e uma sociedade profundamente marcada pelo consumo. Dessa aparente confusão ou falta de organização nos encontramos com a história, nos encontramos imersos na História e como nos diz Paul Virilio e Sylvère Lotringer (2003, p. 51), a propósito de Maio de 68: "porque os acontecimentos [...] são acontecimentos temporais-temporários. São acontecimentos, e devem seguir sendo acontecimentos, a saber, efêmeros".

Este é um livro aberto, em permanente construção e, provavelmente, com capítulos outros. É o resultado de uma pesquisa dinâmica que se faz em movimento e que nos tomou de assalto quando caminhávamos nas ruas dos espaços que hoje são possíveis.

Referências

AGAMBEN, G. O que é um dispositivo? In: *O que é o contemporâneo e outros ensaios*. Tradução de Vinícius Nicastro Honesko. Chapecó: Argos, 2009.

CERTEAU, M. *A invenção do cotidiano*. Petrópolis: Vozes, 1998. v. 1: Artes de fazer.

HARVEY, D. *Rebel Cities: From the Right to the City to the Urban Revolution*. London/New York: Verso, 2012.

MARICATO, E. *et al*. *Cidades rebeldes: Passe Livre e manifestações que tomaram as ruas do Brasil*. São Paulo: Boitempo/Carta Maior, 2013.

MASSEY, D. *Pelo espaço: uma nova política da espacialidade*. Rio de Janeiro: Bertrand, 2008.

SARLO, B. *Tempo presente: notas sobre a mudança de uma cultura*. Rio de Janeiro: José Olympo, 2005.

VIRILIO, P.; LOTRINGER, S. *Amanhecer crepuscular*. Buenos Aires: Fondo de Cultura Económica, 2003.

Imagens violentas nas manifestações de 2013
Multiplicidades, estética e dissenso nas narrativas em vídeo de comuns e de instituições[1]

Carlos d'Andréa
Joana Ziller

Acontecimentos marcados pela presença de grande quantidade de pessoas trazem em si uma riqueza de eventos que os registros/transmissões midiáticas audiovisuais tradicionais dificilmente abarcam. Elaborados a partir de locais especialmente concebidos, como as cabines de transmissão esportiva, ou especificamente deliberados, caso do posicionamento atrás das linhas policiais comum a cinegrafistas em manifestações populares, buscam frequentemente reproduzir padrões técnicos e de linguagem também presentes no trato com outras temáticas.

De acordo com essa lógica, a cobertura de uma sessão plenária da Câmara dos Deputados ou de uma manifestação

---

[1] Este artigo é fruto da aproximação dos projetos de pesquisa "Entre o consagrado, o amador e o experimental: as narrativas audiovisuais nos webjornais brasileiros de tradição impressa" (coordenado por Carlos d'Andréa e financiado pela Fapemig através do edital Universal 2012) e "A tática nos vídeos antropofágicos – apropriação e republicação no espaço do YouTube" (coordenado por Joana Ziller e financiado pelo CNPq e pelo Programa Institucional de Auxílio à Pesquisa de Doutores Recém-Contratados da PRPq/UFMG).

popular deve manter certas características em comum. A esse tipo de conteúdo audiovisual contrapõe-se aquele que é registrado por pessoas no lugar dos comuns – no caso deste texto, dos manifestantes. Sua força testemunhal muitas vezes anda lado a lado à ausência de padrões técnicos tradicionais, como a definição das imagens ou a estabilidade da câmera.

Cabe questionar, assim, os motivos pelos quais tais imagens têm sido repetidamente registradas e publicadas, atingindo índices de circulação na casa das centenas de milhares, em alguns casos. Neste texto, trabalhamos alguns dos elementos relacionados a essas imagens que, registradas na "altura do homem" (JOST, 2006, 2007) nas manifestações que ganharam o país em meados de 2013, foram amplamente distribuídas e reproduzidas por meio de mídias sociais.

A título de contextualização, traçamos uma brevíssima cronologia das manifestações a que nos referimos. Nos dias 6 e 7 de junho, o Movimento Passe Livre convidou moradores de São Paulo a irem às ruas protestar contra o anunciado aumento das passagens de ônibus, de R\$ 3,00 para R\$ 3,20. As manifestações se repetiram nos dias 11 e 13 de junho – nessa última, uma violenta repressão policial foi um dos incentivadores para a disseminação de protestos em todo o país, sob diferentes bandeiras. Em Belo Horizonte, o primeiro deles aconteceu no dia 15 de junho, data da abertura da Copa das Confederações, seguida por muitas outras durante o mês e as ocupações da Câmara Municipal de BH, iniciada em 29 de junho, e da Prefeitura de Belo Horizonte, exatamente um mês depois. No Rio de Janeiro, além das manifestações em junho, outros protestos ocorreram devido à vinda do Papa ao país, no final de julho.

Com base nos vídeos produzidos ao redor de tais acontecimentos, iniciamos o capítulo discutindo a relevância das narrativas audiovisuais e, em especial, das imagens produzidas por pessoas comuns no complexo ambiente comunicacional contemporâneo. Após abordarmos as especificidades estéticas e a complexa dinâmica de circulação e autoria dessas imagens, nos aproximamos da noção de "imagens violentas" proposta por Jost (2006, 2007). Em seguida, tratamos da importância de algumas produções audiovisuais feitas por comuns na pluralização do debate e na desconstrução de discursos totalizantes durante as manifestações ocorridas no país a partir de junho de 2013. Atemo-nos também às especificidades e potencialidades das transmissões ao vivo dessas emissões e ainda ao modo como instituições jornalísticas tradicionais se apropriaram dessa estética e forma de produção.

Narrativas audiovisuais contemporâneas

Narrar um acontecimento é uma maneira de tecer a experiência vivida e de explicitar e socializar as tensões e as realizações da vida cotidiana, aponta Leal (2006). Tão antigo quanto a nossa civilização, o ato de tornar pública e compartilhada uma situação banal ou de interesse político-social mais amplo ganha contornos peculiares na contemporaneidade. Essencialmente midiatizadas, as narrativas em circulação hoje apontam para "um novo modo de produzir, confusamente associado a um novo modo de comunicar" (Martín-Barbero, 2006, p. 54). Para esse autor, há atualmente um reconhecimento e uma consolidação da linguagem audiovisual como forma de expressão, o que pode ser visto como um fenômeno que ajuda a compreender a própria dinâmica multicultural da sociedade.

Nesse contexto, a produção audiovisual voltada para a internet caracteriza-se, entre outros aspectos, pelas múltiplas "mestiçagens", ou por hibridismos assumidos na produção, edição e circulação das imagens em movimento, conforme apontam Martín-Barbero (2009) e Alzamora (2011). A aproximação entre formatos típicos dos meios massivos, como a televisão, e formas experimentais – como relatos precários produzidos por pessoas comuns (ou "amadores") – é uma das características dessas mestiçagens, inclusive no caso de vídeos produzidos e/ou veiculados por instituições jornalísticas tradicionais.

Dentre as diferentes configurações possíveis para essas formas mestiças do audiovisual, voltamos nossa atenção para a crescente incorporação e legitimação de imagens fora dos padrões técnicos tradicionais e/ou produzidas por pessoas comuns. Uma parte significativa desses vídeos é produzida através de aparelhos móveis e transmitida ao vivo e/ou disseminada por meio de *sites* de compartilhamento, efetivando o modelo de criação e difusão de conteúdos denominado por Castells (2009) de *mass self-comunication*. Como o nome revela, esse modelo é, ao mesmo tempo, massivo – por tratar de um registro que, potencialmente, circula entre um grande grupo de espectadores – e pessoal, pois permite que cada interessado constitua seu canal a partir de seus interesses e experiências.[2]

---

[2] A ideia de *mass self-communication* aponta para uma discussão que tem pontos comuns àquelas desenvolvidas por pesquisadores como Leadbeater e Miller (2004), que se referem aos *pro-ams* para discutir a porosidade entre as instâncias profissionais e amadoras de publicação de conteúdo; Bruns (2008), que cunha a noção de *produsage*, evidenciando a porosidade entre a produção e o uso em ambientes digitais; e Ritzer e Jurgenson (2010), que adotaram o termo *prosumer*, misto de produtor e consumidor. Em comum nesses debates está a questão de que, se a ideia de um receptor passivo de conteúdos publicados pelas mídias nunca foi correta, sua inadequação em relação aos ambientes digitais é diuturnamente evidenciada pela disseminação de conteúdos registrados e publicados por pessoas que não têm relação profissional com essa atividade.

Brasil e Migliorin (2011) discutem que, embora carreguem uma forte carga testemunhal e emocional, a circulação difusa das "imagens amadoras" e a estética que forja um "efeito de real" resultam em um apagamento, ou pelo menos uma diluição do polo de enunciação. Esse apagamento de uma autoria individual, singular, apontam os autores, articula-se com uma complexificação nos modos de disseminação e nas formas de mediação dessas imagens. Assim, segundo Brasil e Migliorin (2011), um "anonimato intrínseco à criação, reprodução e fruição das imagens não seria a anulação da autoria e dos sujeitos envolvidos, mas antes sua inserção em um jogo de representações e estratégias de poder" (p. 133).

A "estética do inacabamento" (FELINTO, 2011) parece incrementar a relevância e o impacto dos relatos testemunhais, das imagens sem foco, dos planos mal definidos e dos áudios ruidosos, pois, como aponta Alzamora (2011, p. 95-96), "interessa, cada vez mais, uma imagem que ateste um dado da realidade e que seja crível em sua indicalidade, independente de ser produzida conforme os cânones jornalísticos" (Destaca-se, portanto, o potencial impacto das imagens "amadoras" ou, como preferimos aqui, de pessoas comuns[3] para estabelecer laços, provocar, instigar o debate, surpreender ou mesmo indignar seus espectadores. Conforme Alzamora (2011, p. 96), estamos falando de

---

[3] No *Dicionário Houaiss*, a definição de "amador" inclui uma oposição a "profissional" e algumas acepções pejorativas, como "aquele que ainda não domina ou não consegue dominar a atividade a que se dedicou, revelando-se inábil, incompetente, etc." e "quem entende apenas superficialmente de algum assunto ou alguma atividade". Pela possibilidade desse tipo de interpretação, já incorporado ao termo, optamos por usar a palavra "comum". Fazemos isso também por entender que não cabem comparações de seus registros ao de profissionais e em uma remissão ao homem ordinário de Certeau (2009).

"imagens que testemunham, mais que reportam, imagens que exalam emoção, mais que informam, imagens que vinculam, mais que argumentam".

Imagens violentas

Ao problematizar a linguagem telejornalística, Jost (2007) faz uma importante distinção entre "imagens violentas" e "imagens da violência". Este segundo grupo de imagens, explica, não compromete o telespectador, pois ele as testemunha "de um ponto de vista desencarnado, quase divino" (p. 100). Usando como exemplo a transmissão das imagens dos aviões se chocando com as Torres Gêmeas em Nova York, ele aponta que o "telespectador sabia que um drama se desenrolava diante dos seus olhos, mas ele não vivia, permanecendo tão exterior como o ponto de vista colocado sobre ele".

Com a veiculação de imagens gravadas nas ruas, "na altura do homem", ou ainda por um cineasta que entrou no World Trade Center junto com os bombeiros, aponta Jost (2007), "tudo mudou". A coragem, as hesitações, os recuos dos autores dessas imagens, comenta, "suscitam uma emoção incontida [...] porque era mais vivida do que propriamente vista" (p. 101). Essas são imagens violentas que permitem "viver o acontecimento, porque ela constrói, por sua enunciação, uma humanidade atrás da câmera" (p. 101).

Para Jost (2006), por sua capacidade de sensibilizar imediatamente, as imagens violentas provocam um choque perceptivo, em contraposição ao choque emotivo das imagens da violência – o autor lembra a famosa cena da navalha cortando um globo ocular, em *Um cão andaluz*, de Luiz Buñuel, como exemplo de imagem violenta. Nesse sentido, "não se trata mais de saber ou de ver, mas de sentir a violência" (Jost, 2006, p. 72, tradução nossa).[4]

Jost (2006) faz referência, ainda, aos caráteres icônico e indicial do audiovisual. Para ele, a imagem icônica pode ser vista como uma imagem do mundo, uma vez que, por sua semelhança visual, reenvia o espectador ao objeto representado. As imagens da violência se enquadram nessa categoria, enquanto as imagens violentas são aquelas que, ao pressuporem um olhar, sensibilizam imediatamente à violência de que o outro é vítima (Jost, 2006). Assim, são imagens de autor, não no sentido tradicional do termo, mas por trazerem em si a marca de uma fonte, de um recorte, são registros antropomórficos, indiciais, que apontam a presença de alguém por trás da câmera ou daquele que escolheu e utiliza a imagem.

Vale notar que a afirmação de Jost (2006) de que as imagens violentas trazem em si a marca de um autor, ainda que à primeira vista possa ser tomada como oposta à de Brasil e Migliorin (2011) sobre o apagamento de uma autoria individual, na verdade não o é. Jost (2006) trata da autoria como marca humana na produção da imagem e, como já dissemos, não a partir da ideia tradicional de autoria: esta, segundo Barthes (2004), está há muito enterrada. A ideia de autoria nas imagens violentas, assim, é muito mais a evidência indicial de que existe alguém por trás daquele olhar, alguém que sofre a violência da imagem, não sendo oposta ao apagamento de um polo de enunciação tradicional – ou a uma espécie de enunciação coletiva, em que todos, em alguma medida, estão implicados (Brasil; Migliorin, 2011).

A partir tanto desse apagamento de um polo de enunciação tradicional quanto da afirmação indicial da marca de

---

[4] No original, "il ne s'agit plus de savoir ni de voir, mais d'éprouver la violence".

que existe um olhar direcionador, as "imagens violentas" destacam-se pela capacidade de "intensificação do efeito de real" (BRASIL; MIGLIORIN, 2011), e esse efeito torna-se uma das motivações do espectador para se engajar e contribuir para sua legitimação. Em última instância, esse movimento torna o espectador um sujeito corresponsável e coautor dessa imagem de mediação complexificada (2011).

Se pensarmos a questão em termos de um regime de visibilidade (RANCIÈRE, 2012), há um deslocamento na determinação de quem pode tomar parte na publicação das imagens de circulação ampla, seja a partir das possibilidades de apropriação, alteração em menor ou maior grau e republicação de vídeos, que tornam o sujeito comum corresponsável pelo que republica e contribuinte efetivo na circulação do audiovisual, seja por meio do registro de imagens originais de pontos de vista múltiplos. Essa multiplicidade de pontos de vista que ganham circulação tem características para as quais vale voltar o olhar.

Multiplicidade e dissenso pelos comuns

A tradição da mídia audiovisual no Brasil foi construída a partir de poucos polos de enunciação, que em geral, nas últimas décadas, corroboraram pontos de vista semelhantes. Assim, a entrada em exibição de registros diversos traz à tona olhares que, mesmo que já presentes no cotidiano, não haviam ainda galgado circulação mais ampla. A partir da coexistência dos pontos de vista mais tradicionais e dessa ampliação de circulação de outros, viabiliza-se no campo dos registros cotidianos audiovisuais a possibilidade de dissenso (MARQUES, 2011).

É possível entender mais claramente essa lógica com base em alguns dos vídeos que registraram partes das manifestações em Belo Horizonte. Além do material que foi ao ar nas redes de televisão – muitas vezes registrado atrás das linhas policiais, por profissionais protegidos por elas, ou por cinegrafista em helicóptero, distante do que acontecia – muitos sujeitos, grupos e instituições fizeram circular a partir da publicação em *sites* como o YouTube registros de sua experiência que contradizem as versões mais frequentes das manifestações publicadas por veículos jornalísticos tradicionais (ZILLER, 2013).

Assim, enquanto o Jornal Nacional (JN)[5] afirma, em seu noticiário, que a passeata de 22 de junho corria pacificamente até que bombas começaram a ser lançadas em direção à linha policial, vídeo publicado no YouTube[6] exibe o momento em que um policial joga gás em manifestantes que, parados em frente à barreira, gritavam com PMs – após essa agressão, uma sequência de bombas de gás é atirada contra manifestantes.

Em um outro vídeo,[7] publicado no canal do Governo de Minas Gerais (GMG) no YouTube, a versão apresentada no Jornal Nacional de que os manifestantes (chamados pela PM de vândalos e pelo JN de baderneiros) teriam iniciado o confronto ao arremessar bombas, pedras e garrafas contra a linha policial é reiterada por uma narração, aparentemente da mesma pessoa que registra as imagens.

Assim como o vídeo do JN, aquele publicado no canal do GMG é gravado atrás das linhas policiais. Mas, ainda que guardem ponto de vista semelhante, o padrão de registro difere – enquanto o primeiro se enquadra na linguagem jornalística tradicional, com um repórter à frente da câmera, que quase não treme, e a inserção de entrevista, o vídeo do

---

[5] <http://is.gd/dUnDxs>.

[6] <http://youtu.be/eZHonpbTADo>.

[7] <http://youtu.be/kUhiYS3gbEw>.

GMG segue o mesmo padrão de outros muito frequentes no YouTube: a câmera acompanha o movimento do olhar daquele que registra as imagens e narra o que acontece, há a marca da autoria, um padrão antropomórfico que, curiosamente, parece humanizar o registro de forma mais intensa do que a presença do repórter frente à lente. A maior diferença técnica entre o vídeo que defende que o confronto foi iniciado pela polícia e aquele publicado no canal do Governo de Minas Gerais é a presença evidente de edição de imagens no vídeo encontrado no canal institucional. A ausência de cortes, junto ao local de gravação, em frente às linhas policiais, próximo a pessoas que sofreram a ação de gás de pimenta e lacrimogênio disparado pela PM, faz do vídeo que acusa a polícia de ter iniciado o confronto um registro ainda mais envolvente. Além disso, o cinegrafista do vídeo do GMG está bem mais distante do "epicentro" do conflito e suas imagens não captaram detalhes como os do vídeo feito pelos manifestantes. Enquanto nesta produção a proximidade e o som ambiente tornam desnecessária qualquer narração verbal, o vídeo governamental precisa se ancorar na fala do cinegrafista, que claramente não podia ver os pormenores do início dos confrontos.

Entre esses dois vídeos que apontam a presença de alguém que olha, é a perspectiva do homem "comum" que, pelo caráter violento das imagens, imediatamente implica quem as assiste, deixando óbvia a agressão sofrida por outras pessoas. O elemento testemunhal, presente nos três vídeos analisados, é reforçado pelo choque emotivo daquele registrado ao lado dos manifestantes. Nesse contexto, a formação ou atuação profissional deixam de ser os elementos fundamentais para determinar aquele que tem "competência para ver e qualidade para dizer" (RANCIÈRE, 2012, p. 17). E a possibilidade de dissenso é fortalecida pela circulação ampla de registros múltiplos.

Visível nos exemplos citados – e em muitos outros que circulam na internet –, a multiplicidade de produções também traz em si uma ampliação de linguagem. Em sua maioria, o registro audiovisual de comuns é realizado "na altura do homem" (Jost, 2006), prática nem sempre usual nos relatos audiovisuais midiáticos cotidianos, especialmente quando se tratam de eventos que reúnem uma grande quantidade de pessoas, muitas vezes registrados de cima para baixo.[8] A amplitude de circulação dessas imagens contribui para que o olhar se habitue a um contraponto, ao mesmo tempo antropomórfico, como destaca Jost (2006) e, pela proximidade, mais voltado ao registro do humano.

Testemunhos ao vivo

A intensidade dos vínculos proporcionados pelas imagens produzidas por múltiplos emissores atuando no modelo *mass self-comunication* se amplifica mediante a crescente possibilidade de transmissão ao vivo das narrativas vivenciadas nas ruas. No caso dos protestos brasileiros, o representante exemplar desse modelo é a Mídia Ninja (Narrativas Independentes, Jornalismo e Ação), um projeto vinculado à Pós-TV.[9] A proposta de trabalho dos repórteres

---

[8] Nas coberturas das manifestações realizadas pelo Jornal Nacional, por exemplo, há presença constante de cenas gravadas a partir de helicópteros ou do alto de prédios. O ponto mais alto do registro, ainda que permita uma visualização mais ampla da quantidade de pessoas, afasta delas a câmera, contribuindo para uma imagem mais generalizante do que centrada nos pormenores, ao contrário do material audiovisual granado "na altura do homem". Exemplos em <http://is.gd/a1CylO> e <http://is.gd/VwPJ06>.

[9] Em sua *fanpage* no Facebook, a Pós-TV se autodefine como "a verdadeira TV aberta. Onde não existe censura, as pessoas falam livremente e não se depende de patrocínio, o patrocinador é o povo, as entidades e os movimentos sociais" (<https://www.facebook.com/canalpostv>).

"ninjas" é tecnicamente elementar: transmitir ao vivo, com um celular de última geração conectado a uma rede 3G ou 4G por horas a fio, imagens do "olho do furacão", em especial conflitos entre manifestantes e PMs e ações de "quebra-quebra".

Recurso fundante da emissão televisiva, conforme aponta Machado (2000), a transmissão ao vivo em emissoras tradicionais é fruto, cada vez mais, de um minucioso processo de planejamento e roteirização (JOST, 2007). Ao descer para as ruas e se abrir para as precariedades e tensões desse espaço, a emissão ao vivo no modelo *mass self-comunication* volta a impregnar-se "das marcas da incompletude, da indomesticabilidade e, num certo sentido, da *bruteza*", conforme aponta Machado (2000, p. 131) ao discutir como tudo que era considerado *excesso* na produção audiovisual anterior "se converte em elemento formador" da televisão ao vivo. Nessas circunstâncias, aponta, não fazia sentido falar em "erro" simplesmente porque "não há como eliminar os desvios do mecanismo enunciador" (MACHADO, 2000, p. 133). Assim, enquanto a televisão *broadcast* tenta se livrar de tudo que fuja ao seu controle em uma transmissão ao vivo, as emissões que chegam da rua via internet parecem radicalizar a ideia de uma experiência imprevisível.

São inúmeros os episódios de significativa violência vivenciados pelos repórteres Ninja durante os protestos iniciados em junho de 2013. Vale citar, por exemplo, a transmissão, para milhares de pessoas, da destruição de um painel da Coca-Cola instalado na avenida Paulista, em São Paulo, na madrugada do dia 6 de junho,[10] ou o ataque a uma concessionária de carros em um protesto realizado no dia do jogo Brasil x Uruguai em Belo Horizonte (26 de junho). Neste episódio, chamamos a atenção para o

---

[10] Um relato dessa situação pode ser lido em <http://is.gd/YoHkO5>.

momento em que, subitamente, um único agente da Força Nacional "aparece" na imagem do repórter Ninja e é ameaçado de agressão pelos manifestantes que participavam do quebra-quebra. A imagem violenta da Pós-TV acompanhou o conflito de diversas vozes sobre como proceder. Entre as perspectivas mais óbvias de agredir o agente da Força Nacional ou retirá-lo do local de ataque, optou-se pela segunda atitude: manifestantes formaram um cordão de isolamento e o retiraram do aglomerado de pessoas que quebravam a concessionária.[11] Vale destacar que, de todos os veículos de comunicação que cobriam ao vivo as manifestações daquele dia, apenas o representante da Mídia Ninja, próximo à concessionária, abordou o fato.

É indiscutível a importância da Mídia Ninja para uma complexificação da circulação das imagens violentas durante as manifestações. Ao menor sinal de conflitos, abusos etc., as transmissões mobilizaram e engajaram a audiência conectada, que passava a disseminar freneticamente seus *links* e relatos. Além disso, o aplicativo pelo qual as imagens são transmitidas[12] permite que os repórteres Ninja recebam retornos imediatos da articulada rede de espectadores que os acompanham, que passa a orientá-los e alertá-los sobre os caminhos e os riscos.

Em várias situações, a Mídia Ninja tornou-se protagonista das ações de rua. Na manifestação ocorrida no Rio de Janeiro no dia da chegada do Papa (22 de junho), por exemplo, dois repórteres Ninja foram detidos sob alegação de "incitar violência". Parte da situação foi transmitida, o que ajudou a desencadear uma reação popular ainda maior, atraindo centenas de pessoas para a frente da delegacia, de

---

[11] Esta cena pode ser vista em um vídeo arquivado no canal da Pós-TV no Twitcasting (<http://twitcasting.tv/pos_tv/movie/14663775>).

[12] Twitcasting (<http://twitcasting.tv/>).

onde um terceiro Ninja transmitia ao vivo. Ao falar da emissão ao vivo da televisão, Machado (2000, p. 129) já chamava atenção para a possibilidade da "reflexão do telespectador [...] tomar a forma de ação política e, em alguns (mas não poucos) casos, resultar em mobilização". Carlón (2012, p. 18) aponta que a transmissão direta é "parte de um regime enunciativo de caráter temporal que o excede". Para o autor, "a transmissão direta se vê 'atravessada' pelo tempo (presente)" (p. 137), uma vez que é afetada por um "referente móvel e imprevisível que em qualquer momento se impõe ou escapa e com o qual tem-se sempre de lidar" (p. 100). Nesse sentido, dialoga com Machado (2000), para quem a "transmissão direta desmoraliza a noção de 'obra' como algo perene, durável e estocável, substituindo-a por uma entidade passante, o aqui-e-agora do faiscar eletrônico" (p. 138). Entre outros fatores, essas características se manifestam na forma precária como os vídeos da Pós-TV são armazenados no aplicativo que efetiva a transmissão[13] e pela duração imprevisível de suas emissões, que se configuram em um fluxo contínuo que, dependendo do sinal das operadoras de celular e da bateria desse aparelho (entre outros fatores), pode durar horas ou dias ininterruptos. A ocupação da Câmara Municipal de Belo Horizonte, por exemplo, foi transmitida na íntegra durante cerca de 220 horas.

Nesse sentido, sempre falando da transmissão ao vivo por emissoras tradicionais, Carlón (2012) aponta que a combinação do novo estatuto temporal discutido

---

[13] Por outro lado, é interessante perceber o esforço de parte da audiência conectada para estabilizar minimamente essa "entidade passante", seja capturando frames dos vídeos para publicar nos sites de redes sociais, seja editando trechos mais relevantes e publicando em canais pessoais do YouTube.

anteriormente com um "vínculo indicial com o referente" culmina em uma "ruptura de inegável intensidade" (p. 100). No caso dos protestos brasileiros, podemos dizer que, em um primeiro momento, essa intensidade adquiriu um caráter totalizante, uma vez que a emissão ao vivo de um único ponto de vista (o do repórter Ninja) em certos termos não se diferenciava de um modelo massivo representado pelas emissoras de televisão, por exemplo. Com o avançar das manifestações, no entanto, novos "ninjas" (nem sempre vinculados a esse projeto, mas com constante apoio técnico e de divulgação dele) foram surgindo e oferecendo diferentes leituras e ângulos dos acontecimentos. No fim de julho, durante a ocupação da Prefeitura de Belo Horizonte por movimentos sociais, por exemplo, além da Mídia Ninja três outros perfis no Twitcam (identificados pelos *logins* Maria Objetiva, RealMidiaBH e Muskitovisk) transmitiram ao vivo – de dentro e de fora do prédio – através de telefones celulares.

A transmissão ao vivo de Ninja, Maria Objetiva e iniciativas semelhantes soma à ruptura temporal uma outra quebra, de ponto de vista – e aqui, tomamos o termo também a partir de seu caráter físico-corporal. A transmissão da ocupação da PBH ajuda a ilustrar nosso argumento: enquanto o repórter Ninja, dentro do prédio da prefeitura, entrevistava pessoas em um ambiente relativamente tranquilo,[14] os repórteres de Maria Objetiva, RealMidiaBH e Muskitovisk exibiam conflitos que transcorriam do lado de fora do prédio, tanto pela pressão de manifestantes para que fosse liberada a entrada de alimentos e medicamentos,

---

[14] O ambiente estava, na verdade, bastante tranquilo. É o desconforto causado pela fome dos que ocupavam a PBH, tendo em vista que foi impedida a entrada de alimentos, que nos leva a relativizar a calma aparente.

quanto pela negociação conduzida por vereadores, representantes do Ministério Público e de movimentos sociais, que tiveram sua entrada no prédio negada.

Assim, a presença de diversos "observadores" individuais que transmitem ao vivo seu testemunho propicia uma ruptura pouco comum à mídia tradicional. A presença, no episódio da ocupação da PBH, de midialivristas corresponde a uma multiplicação de transmissões a partir de pontos de vista diferentes – aproximando a possibilidade de transmissão ao vivo da diversidade e dissenso possíveis aos vídeos do YouTube já citados.

Múltiplas estéticas em veículos tradicionais

Essa multiplicidade de pontos de vista, importante pela circulação de informações no caso da ocupação da PBH, mostra-se ainda mais relevante em episódios como o de Bruno Ferreira Teles. Preso sob a acusação de ter atirado um coquetel molotov contra a polícia na manifestação do dia 22 de julho no Rio de Janeiro, o estudante foi inocentado graças ao conjunto de vídeos,[15] que mostrava sua posição e a impossibilidade de que fosse ele a atirar o explosivo.

Alguns deles, editados, reúnem imagens desde antes de o explosivo ser arremessado até o momento de sua prisão.[16] Com a inclusão de elementos gráficos que buscam direcionar o olhar para facilitar que se acompanhe a movimentação de Teles e textos que explicam no que se deve prestar atenção, esse conjunto inicialmente múltiplo dá origem a uma construção audiovisual que, composta de imagens de baixa definição e com a câmera tremida, traz

---

[15] <http://is.gd/PTrXix>.

[16] <http://youtu.be/Cc72BcYud4A>.

em si um caráter argumentativo novamente fortalecido pela ideia de imagem violenta – que, nesse caso, transborda do momento de registro para o de edição, tendo em vista que o choque emotivo e o envolvimento de quem assiste também se dão pela reunião de vídeos e inserção de setas e textos. Parte do material utilizado na construção desse vídeo tem origem no noticiário exibido pela Rede Globo. E, se há a incorporação por parte de comuns do material audiovisual da mídia tradicional (ZILLER, 2012), o oposto também é verdadeiro. Em muitas das notícias sobre as manifestações, TVs se utilizaram de vídeos gravados por comuns. Exemplo é reportagem exibida pelo Jornal Nacional no dia 14 de junho[17] a respeito de protesto em São Paulo. Vídeos gravados "na altura do homem", inseridos na reportagem, têm como fonte WebTVs da revista *Carta Capital*, do jornal *O Estado de S. Paulo*, do portal G1. Curiosamente, flagrantes de agressões policiais gravados por comuns são registrados do alto, de dentro de apartamentos, posição mais frequentemente utilizada por representantes da mídia tradicional. Em todos esses casos, a câmera tremida e a marca de uma autoria, além do caráter notadamente envolvente, nos remetem à ideia de imagem violenta – inclusive na passagem gravada pelo repórter em um posto de gasolina. Em geral planejada e ensaiada, nesse caso essa marca autoral das reportagens telejornalísticas mostra o repórter se assustando com a explosão de bombas e confirmando com o cinegrafista se a cena estava sendo registrada ("Foi? Foi?") antes de, aparentemente, improvisar sua fala.

O deslocamento estético das imagens violentas frente aos padrões mais tradicionais nos remete à discussão de Rancière sobre "a existência de um comum e dos recortes

---

[17] <http://is.gd/s9tv4L>.

que nele definem lugares e perspectivas. [...] um comum partilhado e partes exclusivas" (2012, p. 15). A partir da ampliação de circulação das imagens de comuns, especialmente no que tange às imagens violentas, algumas de suas características de linguagem passam a ser incorporadas com mais frequência em vídeos em que até então eram pouco encontradas.

Nesse contexto, os registros audiovisuais de comuns passam a ganhar alguma proximidade, tanto em possibilidade de circulação, quanto em linguagem, daqueles veiculados pelas narrativas televisivas tradicionais. Mais do que isso, contribuem para que se dissemine o padrão das imagens violentas, valorizando-as frente às tradicionais (e desencarnadas) imagens da violência. Ao discutir a televisão como um dispositivo midiático de "assimilação e reconfiguração dos acontecimentos", Carvalho e Laje (2012, p. 45) apontam que "as imagens amadoras são eficazes como recurso de autenticação, como esforço de, a despeito de qualquer crítica ao caráter fragmentário das narrativas televisivas, indicar um esforço de juntar o máximo de imagens possível na transformação da condição de estilhaços em algo dotado de inteligibilidade". Em várias situações, por outro lado, essa possibilidade é ignorada: no caso da cobertura de uma das manifestações de Belo Horizonte, por exemplo, os *websites* de dois dos mais tradicionais veículos de Minas Gerais (jornal *Estado de Minas* e rádio Itatiaia) preferiram destacar em suas *homes* apenas os já citados vídeos produzidos atrás da barreira policial pelo Governo de Minas, fechando-se para uma multiplicidade de pontos de vista que enriqueceria a experiência do leitor.[18]

---

[18] Uma reprodução da *home page* do webjornal <em.com.br> na noite do dia 26 de junho está disponível em <http://is.gd/8sgpTS>.

Os vídeos de webTVs inseridos na reportagem do JN citada apontam para a porosidade entre as fronteiras dos vídeos produzidos por comuns e aqueles que são fruto de atuação jornalística tradicional. Fruto de um esforço de instituições jornalísticas tradicionais para se inserirem em um cenário de convergência intermidiática marcado cada vez mais pelo audiovisual (D'ANDRÉA, 2012), as webTVs podem ser vistas com espaços mais abertos a novos formatos e a experimentações de linguagem.[19]

A cena da TV Estadão veiculada no JN, por exemplo, é parte de um vídeo de 3'15" de duração editado exclusivamente com "imagens gravadas por celular", conforme legenda.[20] A negociação de um representante do Movimento Passe Livre com o tenente-coronel da PM de São Paulo momentos antes do início dos conflitos foi registrada pela TV Estadão e ressaltada por uma edição que explicita, durante mais de dois minutos sem cortes, as dúvidas e a ansiedade dos dois lados. Essa produção é uma das denominadas pela TV Estadão como "videorreportagem", em uma clara referência a um formato experimental adotado por emissoras de televisão desde os anos 1970 (THOMAZ, 2007).[21]

---

[19] Acreditamos que essa abertura acontece não apenas por um reconhecimento da força e relevância de narrativas audiovisuais que não sigam o modelo telejornalístico, mas também por uma formação muitas vezes precária dos "jornalistas multimídia", pelo acúmulo de funções assumidas por eles e pela baixa visibilidade das webTVs, entre outros fatores de caráter institucional.

[20] <http://is.gd/cxQbbs>.

[21] A maioria das produções da TV Estadão, é importante ressaltar, dialoga com o telejornalismo ao se basear em um off e em entrevistas gravados pelo repórter. Este profissional, no entanto, não aparece nas gravações e delega às imagens feitas por ele – e ao som ambiente a elas associadas – a condução das narrativas.

Esse vídeo é um dos exemplos de "imagens violentas" identificadas entre as produções veiculadas sobre as manifestações por quatro webTVs pertencentes a veículos jornalísticos tradicionais (D'Andréa, 2013), o que reforça a ideia de que há uma porosidade entre os vídeos dos "comuns" e aqueles produzidos em ambientes institucionais. Além disso, essas webTVs reproduziram alguns vídeos produzidos por pessoas comuns que se mostraram, cada um a seu modo, significativamente "violentos".

Considerações finais

Partindo das discussões e exemplos que procuramos articular ao longo do texto, acreditamos ser possível e necessário compreender as imagens dos protestos em uma perspectiva que concilie sua estética e suas múltiplas formas de circulação. A proximidade física com a cena vivenciada, a tensão no olhar do cinegrafista (através da imagem trêmula, insegura ou mal enquadrada), o "tempo morto" de alguns planos-sequência e o não registro de algumas situações em que a câmera está voltada para o chão são algumas características técnicas de gravação e/ou edição que explicitam o caráter testemunhal das imagens violentas e intensificam o "efeito de real" que elas carregam. No entanto, a indicialidade dessas imagens, ainda que possa ser vista como uma espécie de pré-requisito para a sua violência, nos parece insuficiente para causar o "choque perceptivo" (Jost, 2007) que, em geral, intensionam seus autores.

Nesse sentido, a força das imagens que trazem um olhar de alguém que vivenciou a situação somente se completa no momento em que o polo de enunciação se dilui (Brasil; Migliorin, 2011) e abre espaço para que outros comuns se apropriem desses vídeos. Nesse momento, parece não importar tanto quem registrou a situação, pois, em função da potencialidade vinculadora das imagens, todos se tornam autores, por exemplo se engajando explicitamente através dos ambientes sociotécnicos das redes sociais *online*. No caso das transmissões ao vivo, essa relação entre estética e circulação se intensifica – haja vista a capacidade dessas transmissões precárias de manter e ressignificar suas imagens por horas a fio.

Assim, é fundamental apontar que a multiplicidade de pontos de vista se dá não apenas pela diversidade de vídeos em circulação, mas também – ou principalmente – pelas formas complexas de disseminação e mediação dessas imagens, como discutem Brasil e Migliorin (2011). Essa situação parece impactar de forma cada vez mais intensa, por exemplo, as escolhas e mesmo as narrativas produzidas por veículos jornalísticos tradicionais. A incorporação de imagens produzidas por comuns e que muitas vezes superam as feitas pelos profissionais deve ser vista não apenas como uma estratégia de autenticação, mas ainda como resultado de uma intensa pressão política alavancada nos ambientes sociotécnicos em que circularam inicialmente.

Já o dissenso aparece não apenas na confrontação de narrativas variadas e mesmo contraditórias, mas também na superação da necessidade de se dar uma resposta final às controvérsias que emergem da multiplicidade de relatos. Mais facilmente percebido e ressaltado nas interfaces voltadas à conversação das redes sociais *online*, essa abertura à diversidade e ao diferente é um desafio para as narrativas televisivas, por exemplo. A começar pela necessidade de fazer recortes nas imagens dos comuns (RANCIÈRE, 2012) e, de diferentes modos, de enquadrar essas narrativas (em termos de duração, por exemplo) a formatos e padrões preexistentes, o desafio das narrativas telejornalísticas nesse contexto parece ser conciliar o esforço de transformar "estilhaços em algo dotado de inteligibilidade" (CARVALHO;

LAJE, 2012, p. 45) sem, no entanto, apaziguar ou sentenciar os dissensos que os fragmentos audiovisuais carregam.

Referências

ALZAMORA, G. Entre a TV e a internet: mediações sobrepostas em iReport for CNN. In: SOSTER, Demétrio; LIMA JR., Walter (Org.). *Jornalismo digital: audiovisual, convergência e colaboração*. Santa Cruz do Sul: Edunisc, 2011. p. 84-104.

AMADOR. In: HOUAISS, Antônio. *Dicionário eletrônico Houaiss da língua portuguesa*. Versão 3.0. Rio de Janeiro: Objetiva, 2009. 1 CD-ROM.

BARTHES, R. A morte do autor. In: *O rumor da língua*. São Paulo: Martins Fontes, 2004.

BRASIL, A.; MIGLIORIN, C. A gestão da autoria: anotações sobre ética, política e estética das imagens amadoras. *Ciberlegenda*, Rio de Janeiro, n. 22, p. 126-141, 2010.

BRUNS, Axel. *Blogs, Wikipedia, Second Life and Beyond: from Production to Produsage*. Nova York: Peter Lang, 2008.

CARLÓN, M. *Do cinematográfico ao televisivo: metatelevisão, linguagem e temporalidade*. São Leopoldo: Ed. Unisinos, 2012.

CARVALHO, C. A.; LAJE, L. O acontecimento em novas estratégias de autenticação televisiva. *Ciberlegenda*, Rio de Janeiro, n. 27, p. 34-46, 2012.

CASTELLS, M. *Power Communication*. Oxford (UK): Oxford University Press, 2009.

CERTEAU, M. *A invenção do cotidiano*. 16. ed. Petrópolis: Vozes, 2009. v. 1: Artes de fazer.

D'ANDRÉA, C. Editando a violência: as produções "amadoras" de quatro webTVs jornalísticas sobre as manifestações de junho de 2013. In: ENCONTRO NACIONAL DE PESQUISADORES EM JORNALISMO (SBPJOR 2013), 11, nov. 2013, Brasília (DF). *Anais...* Brasília: UnB, 2013.

D'ANDRÉA, C. WebTVs no cenário da(s) convergência(s): a produção audiovisual por veículos jornalísticos de tradição impressa. In: LONGHI, R.; D'ANDRÉA, C. (Orgs.). *Jornalismo convergente: reflexões e experiências*. Florianópolis: Insular, 2012. p. 33-49.

FELINTO, E. Videotrash: o Youtube e a Cultura do "Spoof" na Internet. In: ENCONTRO ANUAL DA ASSOCIAÇÃO NACIONAL DOS PROGRAMAS DE PÓS-GRADUAÇÃO EM COMUNICAÇÃO, 16., 2007, Curitiba. *Anais...* Curitiba: Compós, 2007.

JOST, F. *Compreender a televisão.* Porto Alegre: Sulina, 2007.

JOST, F. Les images du 11 septembre sont-elles des images violentes? In: DAYAN, D. (Org.). *La terreur spetacle: terrorisme et télévision.* Bruxelas: De Boeck, 2006.

LEADBEATER, C.; Miller, P. *The Pro-Am Revolution: How Enthusiasts Are Changing Our Society and Economy.* London: Demos, 2004.

LEAL, B. Saber das narrativas: narrar. In: GUIMARÃES, C.; FRANÇA, V. (Orgs.). *Na mídia, na rua: narrativas do cotidiano.* Belo Horizonte: Autêntica, 2006.

MACHADO, A. *A televisão levada a sério.* São Paulo: Ed. SENAC, 2000.

MARQUES, A. C. S. Comunicação, estética e política: a partilha do sensível promovida pelo dissenso, pela resistência e pela comunidade. *Galáxia,* São Paulo, n. 22, p. 25-39, dez. 2011.

MARTÍN-BARBERO, J. As formas mestiças da mídia. *Pesquisa FAPESP Online,* n. 163, p. 10-15, set. 2009. Entrevista concedida a Mariluce Moura.

MARTÍN-BARBERO, J. Tecnicidade, identidades, alteridades: mudanças e opacidades da comunicação no novo século. In: MORAES, D. (Org.). *Sociedade midiatizada.* Rio de Janeiro: MauadX, 2006. p. 51-79.

RANCIÈRE, Jacques. *A partilha do sensível: estética e política.* Rio de Janeiro: Editora 34, 2012.

RITZER, G.; JORGENSON, N. Production, Consumption, Prosumption: The Nature of Capitalism in the Age of the Digital 'Prosumer'. *Journal of Consumer Culture,* v. 10, n. 1, p. 13-36, mar. 2010.

THOMAZ, P. A narrativa experimental da videorreportagem na produção da obra autoral. *Comunicação e Informação,* v. 10, n. 1, p. 92-101, jan.-jun. 2007.

ZILLER, J. Expressões antropofágicas: apropriação e recriação de vídeos no YouTube. *Contemporânea,* Salvador, v. 10, n. 3, p. 741-758, dez. 2012.

ZILLER, J. Grupos de parcialidade e moralismo: notas sobre a cobertura imagética de manifestações no Jornal Nacional. In: ENCONTRO NACIONAL DE PESQUISADORES EM JORNALISMO (SBPJOR 2013), 11., nov. 2013, Brasília (DF). *Anais...* Brasília: UnB, 2013.

Acontecimentos agenciados em rede
Os eventos do Facebook no dispositivo protesto[1]

Geane Alzamora[2]
Tacyana Arce
Raquel Utsch

Entre as ruas e o Facebook

As manifestações que se alastraram pelas ruas do Brasil em junho de 2013, motivadas inicialmente pela ação truculenta da polícia nos protestos contrários ao aumento da passagem urbana em São Paulo, caracterizaram-se pela multiplicidade de pautas evidenciadas em improvisados cartazes, críticas à imprensa e aos partidos políticos, assim como recusa à representação típica dos movimentos sociais tradicionais. Destaca-se, em nossa abordagem, o fato de se processarem na interface porosa entre ruas e mídias sociais. Os eventos criados no Facebook, foco de nosso estudo, cumpriram a função de agenciar[3] coletivamente as

---

[1] As autoras agradecem aos pesquisadores do CCNM Carlos D'Andrea e João Marcos Veiga pelas colaborações apresentadas ao texto.

[2] Agradeço ao CNPq, Fapemig e PRPQ/UFMG por financiamentos de pesquisas em andamento que fundamentam parte das discussões esboçadas neste artigo.

[3] Toma-se aqui a noção de agenciamento proposto por Deleuze e Guattari (1995), segundo a qual agenciar remete à multiplicidade

manifestações, uma vez que não havia liderança legitimada pelos manifestantes. Não se pode dizer, contudo, que os eventos do Facebook *determinaram* as manifestações, mas que estas se constituíram no *movimento* das conexões *on* e *offline* que as atravessaram.

Assume-se aqui a perspectiva de que os protestos brasileiros de junho de 2013 configuraram espécies de acontecimentos em rede que mantinham uma face nas mídias sociais – como o Facebook – e outra nas ruas, não sendo redutíveis a quaisquer dessas instâncias. Tais acontecimentos são regidos pela lógica das conexões (KASTRUP, 2004), que integram dispositivos *on* e *offline* em uma dinâmica socio-comunicacional profundamente marcada pelos processos contemporâneos de midiatização.[4]

Parte-se da noção foucaultiana de dispositivo por ser esta um conceito que nos permite identificar linhas de força e de fissura que conformam curvas de visibilidade e de enunciação na configuração reticular dos protestos. Esses aspectos, em nossa opinião, ajudam a compreender a heterogeneidade e a fluidez que marcaram as manifestações brasileiras de junho de 2013.

Segundo Agamben (2005) o conceito foucaultiano de dispositivo tem sempre uma função estratégica e se inscreve em uma relação de poder, sendo caracterizado por um conjunto heterogêneo que inclui qualquer coisa. Ele explica que o dispositivo é, em si, a rede que se estabelece entre esses elementos. Para Deleuze (1990) o dispositivo é antes

---

de processos, individuais e coletivos, que compõem rede de relações sociais, técnicas e de enunciação. Trata-se, portanto, de diferentes relações, de naturezas variadas, entre entidades distintas.

[4] A midiatização implica em virtualização das interações sociais, na medida em que a mídia permeia, de modo cada vez mais imperativo, as rotinas de variadas instituições sociais, tais como família, política, trabalho e religião. Sobre o assunto ver Hjarvard (2012).

de tudo um conjunto multilinear de linhas de diferentes naturezas, que articuladas entre si compõem as instâncias foucaultianas de saber, poder e subjetividade. O modo como cada dispositivo se propaga conforma curvas de visibilidade e de enunciação por meio das quais o dispositivo revela sua função estratégica. Relacionadas à subjetivação, as linhas de fuga, ou de fissura, reconfiguram as relações de saber e poder no dispositivo, enquanto as linhas de força sedimentam tais relações.

Os protestos são aqui compreendidos como dispositivo composto por linhas heterogêneas, que podem se relacionar tanto à configuração midiática, das quais o Facebook é exemplo, quanto à conformação sociocultural e política das ruas. Ruas e mídias constituem, assim, uma mesma rede na qual as manifestações se teceram. As linhas de fuga desestabilizam, nesse dispositivo, certas linhas de força relacionadas às dimensões institucionais, política, social e cultural, reconfigurando as relações de poder e saber instituídas socialmente. Por causa disso, recusam tanto as linhas de força que sedimentam os partidos políticos quanto aquelas que sustentam as corporações de mídia, assim como desafiam os movimentos sociais tradicionais e as formas institucionalizadas de liderança.[5]

A contradição é que, ao recusar corporações hegemônicas de mídia, provenientes da lógica de transmissão, os manifestantes empoderam corporações midiáticas típicas

---

[5] Tal como evidenciado por Agamben (2005), o dispositivo tem sempre um lastro histórico. Nessa perspectiva, é preciso lembrar que o *dispositivo protesto* guarda referência em outros contextos históricos, como o movimento zapatista (México, anos 1990) e a Primavera Árabe (Oriente Médio e Norte da África, 2010), por exemplo. Tais referências, contudo, não devem ser entendidas como as origens dos protestos brasileiros, mas como linhas que o atravessam, conformando sua genealogia.

da lógica do compartilhamento, como é o caso do Facebook. E, ao fazê-lo, se inserem em dinâmica midiática que, embora regida por outra lógica sociocomunicacional, lida com os pressupostos institucionais, econômicos e políticos que permeiam as mídias de massa. As corporações de mídia que emergem da lógica de compartilhamento tendem a se tornar igualmente hegemônicas à medida que mais poder acumulam mediante o uso social de sua tecnologia comunicacional. Essa é a dinâmica do dispositivo, que transforma linhas de fissura em linhas de força sem que o dispositivo seja necessariamente profanado (AGAMBEN, 2005).[6]

A dinâmica sociocomunicacional do *dispositivo protesto* relaciona-se ao uso concomitante de múltiplas plataformas midiáticas para registrar, armazenar e colocar em circulação relatos circunstanciais das manifestações. Tal dinâmica revela, em curvas de visibilidade e de enunciação, a heterogeneidade das linhas que o atravessam. Por causa disso as manifestações brasileiras de junho de 2013 não podem ser rigorosamente compreendidas como formas de resistência[7] a uma situação específica, pois dizem respeito a certa insatisfação difusa na sociedade.

A lógica de rede do Facebook, baseada na articulação de postagens entre amigos e amigos de amigos em regime temporal diferido (WEISBERG, 2004), permeia a lógica de rede do *dispositivo protesto* enfatizando: a) convergência entre mídias sociais e tradicionais, relacionada à noção

---

[6] De acordo com Agamben (2005), a profanação do dispositivo, relacionada à restituição ao uso comum daquilo que capturado e separado de si pelo dispositivo, é cada vez mais urgente face à proliferação de dispositivos midiáticos, como celulares, que seriam marcados pela dessubjetivação.

[7] De acordo com Foucault (2004), se não há resistência não há relação de poder, sendo o efeito da resistência a mudança nas relações de poder.

de cultura da convergência (JENKINS, 2008); b) acesso e compartilhamento de informações socialmente produzidas, relacionada à noção de *mass self-communication* (CASTELLS, 2010); c) reprodução de informações em outros contextos midiáticos, reconfigurando-lhes os sentidos, conforme a noção de remix (MANOVICH, 2005).

Observa-se, por exemplo, que muitas das reivindicações observáveis nos cartazes foram tematizadas pelas mídias de massa e que estas se empenharam em realizar intensa cobertura dos protestos,[8] embora enquadramentos jornalísticos das manifestações tenham sido recorrentemente criticados.[9] Por outro lado, informações socialmente produzidas tornaram-se referenciais para as coberturas noticiosas, assim como constituíram modo preferencial entre os manifestantes de se informarem sobre os protestos.[10]

De modo geral, informações produzidas individual ou coletivamente, que circularam amplamente em mídias sociais, alcançaram grande visibilidade constituindo o que Castells (2010) chama de *mass self communication,* forma de comunicação produzida de forma individual, mas consumida em larga escala nas conexões de mídias digitais. Por conta disso pautaram as mídias hegemônicas, ao passo que as estas também pautaram parte das reivindicações expostas nos cartazes. Esse entrelaçamento entre lógica de transmissão (vertical) e de compartilhamento (horizontal) conforma o que Jenkins (2008) chama de cultura da convergência,

---

[8] A TV Globo, por exemplo, deixou de exibir duas telenovelas no dia 20 de junho para cobrir, em tempo integral, os protestos que se espalharam pelo país.

[9] Ver, por exemplo, vídeo "Globo desmascarada", postado no YouTube (http://youtu.be/xo9MTyRaKB8).

[10] <http://is.gd/NjUlOL>.

processo de integração midiática que, na opinião dele, é mais cultural e cognitivo que tecnológico.

Ruas e Facebook, como dispositivos acoplados entre si, tornaram-se não apenas mais potentes como também mais singulares na medida em que configuram uma espécie de hiperdispositivo (Carlon, 2010)[11], cujo efeito *blow up* interferiu no curso dos acontecimentos. Assim, características sociocomunicacionais do Facebook, como as atividades de postar, curtir, compartilhar e aderir aos eventos, contribuíram para expandir a visibilidade reticular dos acontecimentos[12] que permearam o *dispositivo protesto*, sejam estes relacionados a testemunhos de manifestantes nas ruas ou a relatos jornalísticos que circularam em conexões de mídias digitais.

Os eventos do Facebook no *dispositivo protesto*

De acordo com Deleuze e Guattari (2004), o acontecimento não é um estado de coisas. Pelo contrário, não começa nem acaba, guarda o movimento infinito que lhe dá consistência. "O acontecimento é imaterial, incorporal, invivível: a pura reserva" (Deleuze; Guattari, 2004, p. 202). Trata-se, conforme os autores, de um "entre-tempo",

---

[11] De acordo com Carlon (2010), o hiperdispositivo realiza uma espécie de efeito blow up que potencializa a mensagem, na medida em que um dispositivo expande o outro ao qual se acopla. Ele explica que a maximização da visibilidade midiática, gerada pelo efeito blow up, intervém no curso dos acontecimentos, uma vez que os meios constroem a realidade que buscam refletir. Essa perspectiva coaduna com a nossa, embora não derive da abordagem foucaultiana que fundamenta nossa discussão.

[12] Não se distingue aqui os acontecimentos de seus relatos, já que os relatos expandem os acontecimentos tornando-se parte deles e, não raro, conforme a visibilidade midiática que os relatos alcançam, deflagram desdobramentos significativos no curso dos acontecimentos.

o devir. "Todos os entre-tempos se superpõem, enquanto os tempos se sucedem. Em cada acontecimento há muitos componentes heterogêneos, sempre simultâneos, que já são, cada um, um entre-tempo [...]" (DELEUZE; GUATTARI, 2004, p. 204). Com base nessa perspectiva, entendemos os acontecimentos que permearam o *dispositivo protesto* como espécies de entre-tempos que revelavam, como linhas do dispositivo, a heterogeneidade simultânea de seus componentes. Modelados pela temporalidade circunstancial das ruas em dinâmica reticular com a temporalidade diferida das mídias sociais, os acontecimentos que permearam o *dispositivo protesto* se conformaram em rede *on* e *offline*. Eventos do Facebook expandiam a durabilidade desses acontecimentos na medida em que se antecipavam a eles, agenciando-os, e os faziam perdurar em conexões de mídias digitais. As ruas, por sua vez, lhes ampliavam os sentidos, interferindo no curso reticular dos acontecimentos agenciados pelos eventos do Facebook.

De acordo com Santos (2009), a palavra "evento" é utilizada em múltiplos sentidos. Ele considera o evento como veículo de algumas possibilidades que permeiam o mundo, sendo o lugar o depositário final, obrigatório do evento. Na opinião de Santos (2009), o evento também pode ser o vetor das possibilidades existentes numa formação social, uma espécie de matriz do tempo e do espaço, caracterizando-se sempre pelo tempo presente. "Quando falamos de um evento futuro, é de uma suposição que estamos falando, a suposição de que se realizará num presente futuro" (SANTOS, 2009, p. 145).

É com base nessas concepções que se erige nossa análise de três eventos convocados pelo Facebook para o dia 26 de junho, quando Belo Horizonte sediaria o jogo Brasil X Uruguai, pela semifinal da Copa das Confederações 2013. Os eventos "5º Grande Ato – Assembleia Popular Horizontal, #VemPraRuaBH e O Gigante Vai Abraçar o Mineirão" são reveladores de como as opções curtir, compartilhar, comentar e participar interferiram na configuração reticular dos acontecimentos que permearam o *dispositivo protesto*. Diferente de análises que buscam observar como um acontecimento tem como natureza o próprio ambiente da cultura digital (HENN, 2011, 2013)[13] ou ganha novas camadas a partir da mobilização das redes sociais (ZAGO, 2013), toma-se o acontecimento em rede como aquele que se engendra em conexões *on* e *offline*. Observando os acontecimentos não como "matérias de fato", mas como "matérias de interesse" (LATOUR, 1987) – ou seja, não como dados de realidade, mas como decorrentes da movimentação de actantes[14] em torno de uma determinada questão – propõe-se que eles não são resultantes dessas conexões, mas o próprio movimento de conectar-se. Movimento que, no caso das manifestações de junho, envolve necessariamente conexão mídias sociais/rua.

Para a perspectiva do acontecimento em rede aqui defendida, importa a observação dos movimentos, da conformação dos grupos, buscando a riqueza e a sutileza

---

[13] Henn (2011) refere-se ao acontecimento em rede como aquele que já contém a textura da rede. "Entende-se que há uma gama de acontecimentos que têm a sua força de agendamento vinculada às novas formas de produção e consumo do noticiário" (p. 86). Adota também o termo ciberacontecimento ao postular "a existência de outras modalidades de acontecer que já tem como natureza o próprio ambiente da cultura digital nas suas diversas acepções (LEVY, 1999; CASTELLS, 1999, 2003; LEMOS, 2002; FELINTO, 2005). Acontecimentos que se instituem através de outras dinâmicas de semiose e com potencial produção de crises nas fronteiras semiosféricas: são os ciberacontecimentos" (HENN, 2013, p. 7).

[14] Latour (1987) utiliza o termo "actante", proveniente da semiótica greimasiana, para designar a ação de humanos e não humanos na conformação da rede sociotécnica.

do processo. Por isso mesmo, essa perspectiva impõe um desafio metodológico, que é a sua estabilização. Em que momento observá-lo? No momento em que ele "irrompe a superfície lisa da história" (RODRIGUES, 1997)? Mas nesse caso, a experiência seria eclipsada, ignorando que é justamente ela que confere ao acontecimento um "sentido discriminatório", um "poder de esclarecimento" que revela os meandros do campo problemático em que o acontecimento se constitui (QUERÉ, 2005).

Tomemos como exemplo as manifestações do dia 26 de junho de 2013, em Belo Horizonte, que, segundo estimativas da Polícia Militar, divulgadas na imprensa, reuniram cerca de 50 mil pessoas em passeata que partiu da Praça Sete em direção ao Mineirão, pela Avenida Antônio Carlos. No Facebook, três eventos convocaram adesão ao movimento, que terminou com saldo de 25 detidos, 24 feridos e um morto (o jovem Douglas Henrique de Oliveira Souza, metalúrgico de 21 anos, que não resistiu ao traumatismo craniano provocado pela queda do Viaduto José Alencar).

Além da morte – logo destacada pela imprensa, afinal era a primeira vítima dos levantes na capital mineira – outros critérios de excepcionalidade conformaram esse acontecimento: a manifestação foi marcada para coincidir com uma das semifinais da Copa das Confederações, o jogo Brasil e Uruguai, no Mineirão; seria a primeira manifestação após a primeira reunião entre participantes e governo do Estado; a manifestação terminou com saldo de pelo menos dez concessionárias completamente danificadas. Essas imagens foram prontamente compartilhadas na internet e, em um segundo momento, dividiram as atenções com o compartilhamento do vídeo contendo a imagem do momento exato da queda de Douglas.[15]

---

[15] <http://youtu.be/PxU0hcFOqjs>

Esses acontecimentos são aqui observados pelo prisma de três eventos que incitaram as pessoas a estarem nas ruas naquele dia. Deve-se enfatizar que o Facebook agencia, mas não define o acontecimento, uma vez que este eclode no Facebook como sintoma de uma insatisfação que não é gestada no Facebook, mas na experiência cotidiana da cidade. Assim, propomos tomar os três eventos como instâncias mediadoras[16] que agenciam várias faces desses acontecimentos. Para começar, a marcha não ocorre em função de um ou outro convite. Dificilmente um manifestante nomearia o evento específico que o instou a estar lá. Os três eventos aqui analisados – e outros que eventualmente tenham sido convocados pelo Facebook com perspectiva semelhante – conformam a rede que mantém uma face no Facebook e outra nas ruas. Isso não equivale a dizer que são três eventos de um mesmo acontecimento. Ainda que de forma panorâmica, em virtude da limitação de ferramentas para pesquisar o Facebook, a observação das páginas desses eventos ora aponta para um mesmo acontecimento, ora para acontecimentos variados, ou mesmo para um *não acontecimento*, como se verá a seguir.

Sobre os eventos

O "5º Grande Ato – Assembleia Popular Horizontal"[17] teve 204.137 convidados, dos quais 16.500

---

[16] Baseia-se aqui na noção de espiral de mediações proposta por Gómez (2006), segundo a qual a espiral extrapola os limites de cada especificidade mediadora que a integra. Privilegia-se, nessa perspectiva, o critério transversal de segmentação midiática. "Estou entendendo as mediações como processos estruturantes que provêm de várias fontes, incidindo sobre os processos de comunicação e formando as interações comunicativas dos atores sociais" (GÓMEZ, 2005, p. 88).

[17] <https://www.facebook.com/events/526514590729635/>.

confirmaram participação e 4.063 associaram-se apontando o "Talvez".[18]

Figura 1 - Capa de "5° Grande Ato | Assembleia Popular Horizontal"

Fonte: <http://is.gd/zEEEMl>.

O "#VemPraRuaBH"[19] arregimentou 578.161 convidados, dos quais 58.448 confirmaram presença e 13.884 acenaram com um "Talvez".

Figura 2 - Capa de "#VemPraRuaBH"

Fonte: <http://is.gd/pcTJfL>.

[18] É relevante apontar quem marca "Talvez" porque é uma opção que permite ao internauta não demonstrar adesão ao evento ou conivência às ideias por ele defendidas, mas ter permissão para acompanhar a discussão, comentar postagens e publicar, integrando dessa maneira a rede que se forma em torno do evento.

[19] <https://www.facebook.com/events/472305839523651/?ref=14>.

E o "O Gigante vai Abraçar o Mineirão",[20] com 5.195 convidados, teve 424 adesões e 144 "Talvez".

Figura 3 – Capa de "O gigante vai abraçar o Mineirão"

O GIGANTE VAI ABRAÇAR O MINEIRÃO
Público - De Novo Povo Brasileiro
Fonte: <http://is.gd/6BYTCI>.

Mesmo não sendo o evento com maior número de participantes, o "5º Grande Ato" assume claramente uma centralidade articuladora. É a ele que manifestantes recorrem para saber aspectos operacionais da marcha: onde devem se concentrar, o que devem levar, como devem agir. Desde a sua criação, o próprio evento se preocupa com essas questões, indicando de imediato local de concentração, publicando instruções para garantir a segurança dos manifestantes, dicas de como reagir à abordagem policial e também como filmar, fotografar e partilhar as impressões sobre a marcha. Além disso, convocou os internautas a estar na rede, liberando acessos à rede Wi-Fi no trajeto da manifestação, o que permitiria as postagens em tempo real. Os outros dois eventos sequer apontam de imediato horário e local de concentração.

Mas outros fatores devem ser apontados na construção dessa centralidade. O evento foi criado em 18 de

---

[20] <https://www.facebook.com/events/206154399537703/>.

junho de 2013, concomitantemente ao surgimento da página Assembleia Popular Horizontal, que o hospeda. Por sua vez, a própria Assembleia surge do movimento da articulação de manifestantes envolvidos nos protestos anteriores. Em sua página no Facebook, assim se define:

> A Assembleia Popular Horizontal de Belo Horizonte não é uma convocação para manifesto, mas para um fórum de diálogo horizontal e autônomo para formulação de pautas e propostas para próximas mobilizações. Em tempo, vale destacar que a Assembleia não se apresenta para ter a agenda "oficial" de BH, longe disso. A ideia é criar um espaço comum a todos os mobilizados na web e na rua. Um espaço comum para organizados e independentes.[21]

Apesar de recusar o caráter organizador, a página convocou outro evento para o dia anterior à marcha, no qual haveria confecção coletiva de cartazes e materiais a serem levados às ruas. Além disso, só mudou o nome do evento aqui analisado para "5º Grande Ato" dois dias depois da própria ocorrência das manifestações, ao mesmo tempo em que criava o "6º Grande Ato (#OcupaCamaraBH)". Com a adoção do mesmo nome para eventos sequenciais (o último foi o 8º, em 11 de julho de 2013),[22] eles passaram a ser vistos como referência obrigatória para as manifestações.

Se há um caráter referente para o *estar na rua*, o mesmo não se pode dizer sobre o *porquê* de participar das manifestações. Não é fácil apreender o que orienta a discussão entre os participantes do "5º Grande Ato".

---

[21] <https://www.facebook.com/AssembleiaPopularBH>.

[22] <https://www.facebook.com/events/211324639018769/.

RUAS E REDES: DINÂMICAS DOS PROTESTOSBR

Como se verá adiante, enquanto o "#VempraRuaBH" se esforça para ser um evento em favor da reforma política, mesma bandeira abraçada, ainda que sem muita convicção, pelo "O Gigante vai Abraçar o Mineirão", o "5º Grande Ato" se assemelha mais à forma peculiar das manifestações: horizontal, multifocal, sem proposição temática definida, sem proposta comum a ser defendida. Certamente as questões urbanas, valorização e defesa do transporte público, questionamento aos custos da Copa e a relação entre poder público e FIFA, reivindicação de recursos para políticas públicas e bandeiras políticas, como a derrubada da PEC 37, ganham espaço nos *posts*, numa profusão de demandas tão diversas quanto as que ganharam as ruas nos cartazes. Mas não é possível apontar um mote único para o evento.

Se não há uma unicidade temática, verifica-se certo padrão na forma, bastante jovial e jocosa, de se pronunciar em rede. Nota-se, por exemplo, aspectos nitidamente relacionados à cultura remix (MANOVICH, 2005), como elaboração de cartazes baseados na combinação de registros compartilhados em rede.[23] Os memes estão por toda parte. Os materiais mais curtidos costumam ser sarcásticos em sua abordagem, a exemplo deste *post*:

---

[23] Scolari (2008) chama de hipermediação à trama contemporânea de reenvios, hibridações e contaminações no ecossistema midiático. Trata-se, segundo ele, de "processos de intercâmbio, produção e consumo simbólico que se desenvolvem em entorno caracterizado por uma grande quantidade de sujeitos, meios e linguagens interconectados tecnologicamente de maneira reticular" (SCOLARI, 2008, p. 113, tradução nossa).

Figura 4 - *Post* em "5° Grande Ato" é exemplo do tipo de publicação mais curtida nos eventos

Fonte: <http://migre.me/iSVEw>.

O evento "#VemPraRuaBH" é gerido por três perfis aparentemente falsos:[24] Neo Castro, Tito Cardoso e

---

[24] Algumas características costumam ser comuns a perfis falsos: todas as informações são públicas, os álbuns contêm imagens sugestivas que atraiam a atenção do internauta, em casos de perfis criados com intenção deliberada de promover determinado tema, as postagens costumam girar apenas em torno desse universo. Todos os perfis em questão apresentam algum desses elementos. O mais flagrante é o perfil Morfeo Domenico. Criado no mesmo dia de criação do evento "#VemPraRuaBH" não tem movimentação após o dia 21 de junho de 2013. Usa como foto de perfil a imagem de Morpheus, personagem fictício interpretado por Laurence Fishburne na série de ficção científica *Matrix*. Tito Cardoso usa como foto de perfil a imagem de Syd Barret, um dos fundadores da banda Pink Floyd. Usuário assíduo do Facebook, ora posta imagens de jogos digitais, animes e mangás, ora posta questionamentos políticos. É raro que tenha interação em suas postagens, embora tenha um grande número de amigos, todos adolescentes. Neo Castro, embora tenha todas as suas informações públicas, o que não costuma ser comum entre usuários do Facebook, é o que aparenta ter movimentação mais consistente. Mas chama atenção o fato de que o perfil, estando ativo desde 2011, tenha movimentação apenas a partir de junho de 2013.

Morfeo Domenico (este último criado no mesmo dia da postagem do evento). A imagem de capa exibe em grandes letras amarelas a *hashtag* #VemPraRuaBH, escrita sobre um desenho que explora as linhas do Congresso Nacional. A imagem apresenta ainda o mote do evento, "Reforma política brasileira", também escrito em tons que vão do amarelo ao verde. E faz também uma referência ao modo de se manifestar: "movimento contrário a [sic] violência". A movimentação em torno do evento foi expressiva: 578.161 pessoas foram convidadas, das quais 58.448 confirmaram presença e 13.884 acenaram com um "Talvez".

O evento continuou recebendo comentários e postagens pelo menos até 19 de julho.[25] A maior parte das postagens feitas durante o mês de julho provém de um perfil também aparentemente *fake*:[26] Andressa Reis. Esse perfil tenta manter a discussão em torno do tema proposto, a reforma política, fazendo postagens sobre o assunto ou inserindo a discussão em comentários mesmo em *posts* cujos temas não estão diretamente relacionados à reforma política. À exceção das postagens e comentários de Andressa Reis,[27] são poucas as manifestações acerca do assunto, especialmente entre os dias 26 e 28 de junho, período de maior movimentação no evento, evidenciando um acontecimento que recusa programação.

Durante esse período, é o compartilhamento de registros e impressões acerca das manifestações nas ruas que dá

---

[25] Último dia em que se acompanhou o evento para fins de produção deste artigo.

[26] O perfil de Andressa Reis tem as mesmas características identificadas nos demais perfis aparentemente falsos. Além disso, uma busca por sua imagem no Google Images associa a foto de perfil a eventos em diferentes estados brasileiros.

[27] Dos 50 posts mais recentes da página, 36 são de Andressa Reis. Entre os demais, apenas um menciona a reforma política.

o tom das discussões, especialmente após a confirmação da morte de Douglas. Percebe-se certa analogia com a produção jornalística noticiosa, tais como os critérios de noticiabilidade[28] *falha* e *inversão*, que parecem orientar as postagens. Mais do que a morte em si, as postagens centram-se na discussão acerca da arquitetura do viaduto e na validade de se marchar em direção ao Mineirão em dia de jogo da Copa das Confederações, sabendo que o aparato policial tinha ordens de manter preservado o perímetro FIFA, como ilustra o *post* a seguir:

Figura 5 - *Post* em "#VemPraRuaBH" questiona decisão de marchar até o Mineirão

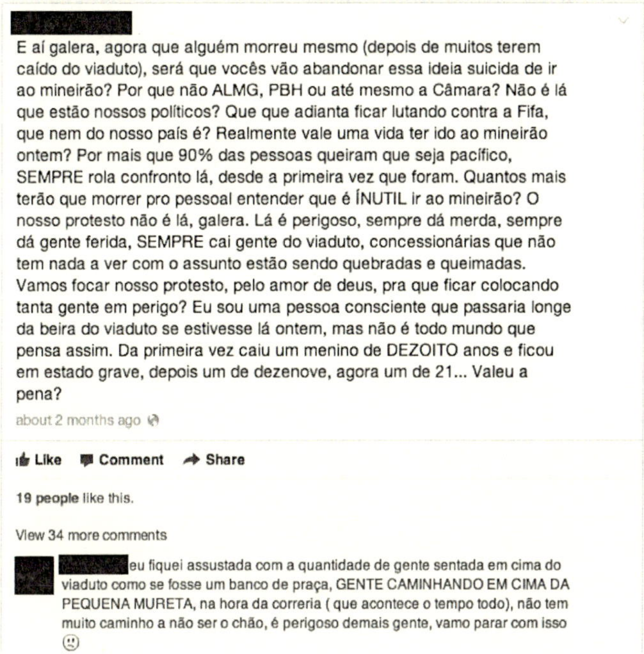

E aí galera, agora que alguém morreu mesmo (depois de muitos terem caído do viaduto), será que vocês vão abandonar essa ideia suicida de ir ao mineirão? Por que não ALMG, PBH ou até mesmo a Câmara? Não é lá que estão nossos políticos? Que que adianta ficar lutando contra a Fifa, que nem do nosso país é? Realmente vale uma vida ter ido ao mineirão ontem? Por mais que 90% das pessoas queiram que seja pacífico, SEMPRE rola confronto lá, desde a primeira vez que foram. Quantos mais terão que morrer pro pessoal entender que é ÍNUTIL ir ao mineirão? O nosso protesto não é lá, galera. Lá é perigoso, sempre dá merda, sempre dá gente ferida, SEMPRE cai gente do viaduto, concessionárias que não tem nada a ver com o assunto estão sendo quebradas e queimadas. Vamos focar nosso protesto, pelo amor de deus, pra que ficar colocando tanta gente em perigo? Eu sou uma pessoa consciente que passaria longe da beira do viaduto se estivesse lá ontem, mas não é todo mundo que pensa assim. Da primeira vez caiu um menino de DEZOITO anos e ficou em estado grave, depois um de dezenove, agora um de 21... Valeu a pena?

about 2 months ago

👍 Like   💬 Comment   ➤ Share

19 people like this.

View 34 more comments

eu fiquei assustada com a quantidade de gente sentada em cima do viaduto como se fosse um banco de praça, GENTE CAMINHANDO EM CIMA DA PEQUENA MURETA, na hora da correria (que acontece o tempo todo), não tem muito caminho a não ser o chão, é perigoso demais gente, vamo parar com isso 😐

Fonte: <http://migre.me/iSUxj>.

[28] Segundo Traquina (2005, p. 63), "podemos definir o conceito de noticiabilidade como o conjunto de critérios e operações que fornecem a aptidão de merecer um tratamento jornalístico, isto é, possuir valor como notícia".

Falha e inversão

Se os internautas praticamente ignoram a discussão acerca da reforma política que motivou a criação do evento, o mesmo não se pode dizer da proposição de "recusa à violência", também explicitada na sua imagem de capa. Postagens, comentários e, sobretudo, compartilhamento de links de portais de notícia vão conformando o discurso também verificado na mídia massiva: o de que vândalos estariam se "aproveitando" do movimento de pessoas de bem, desvirtuando as manifestações. Postagens dessa forma também apareceram no "5º Grande Ato", mas lá foram prontamente debatidas, com argumentos que apontam como esse tipo de discurso leva a conformismo e apaziguamento. No "#VemPraRuaBH" a separação entre vândalos e manifestantes é dada como certa e o vandalismo é tido como elemento deslegitimador das manifestações, como se verifica neste *post*:

Figura 6 - *Post* em "#VemPraRuaBH" aponta vandalismo como elemento deslegitimador das manifestações

Fonte: <http://migre.me/iSUnA>.

Tais diferenças entre acontecimentos que ocorreram no mesmo dia, hora e trajeto, reforçam a ideia de que não é somente sua performance, mas também as conexões que o estabelecem como campo problemático, que definem o acontecimento.

O peso das conexões no estabelecimento do campo problemático em relação à robusteza de sua performance também pode ser observado em dois outros eventos: "O Gigante vai Abraçar o Mineirão" e o "Flores e velas BH", convocado a partir das interações no "#VemPraRuaBH". Os dois têm em comum o reduzido número de convidados e o fato de não se efetivarem nas ruas, mas observando suas conexões, pode-se dizer que o segundo configura um *acontecimento em rede,* enquanto o primeiro constitui uma espécie de *não acontecimento.*

"O Gigante Vai Abraçar o Mineirão" foi criado pela comunidade Novo Povo Brasileiro, autodescrita como sendo "para aqueles que já viram esse filme e querem fazer diferente desta vez". A imagem de capa, assim como no "#VemPraRuaBH", explora as cores verde e amarelo sobre um fundo preto. Evento e página que o agendou foram criados no mesmo dia.

Chama atenção o fato de que no momento da criação do evento não fica clara sua intenção. Abraçar o Mineirão pra quê? O primeiro *post* é extremamente ambíguo, podendo ser interpretado tanto como um questionamento à FIFA como um apoio a ela. Trata-se de uma cópia de uma página do *site* da FIFA, na qual a federação discursa sobre sua responsabilidade social. O *post* destaca o seguinte trecho da página: "Realizando a missão de 'construir um futuro melhor', a FIFA busca liderar pelo exemplo e direcionar a força do futebol e a influência que possui sobre o esporte e sobre os seus parceiros para produzir mudanças positivas na sociedade e no meio ambiente". Em seguida, a frase "FIFA, estamos alinhados", interfere na conformação de sentido, pois tanto pode se referir a questionamento à entidade internacional quanto a apoio. Nos dois *posts* seguintes, a luta contra as PECs 33 e 37 aparece relacionada à motivação do protesto.

O evento estava morto nas ruas, antes mesmo de ser programado, conforme apontado por uma internauta em comentário no *post* de convocação:

Figura 7 – Internauta aponta impossibilidade de realização do evento "O Gigante vai abraçar o Mineirão"

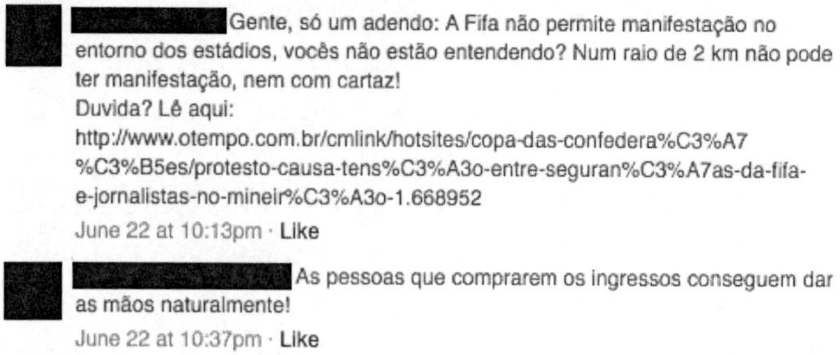

Gente, só um adendo: A Fifa não permite manifestação no entorno dos estádios, vocês não estão entendendo? Num raio de 2 km não pode ter manifestação, nem com cartaz!
Duvida? Lê aqui:
http://www.otempo.com.br/cmlink/hotsites/copa-das-confedera%C3%A7%C3%B5es/protesto-causa-tens%C3%A3o-entre-seguran%C3%A7as-da-fifa-e-jornalistas-no-mineir%C3%A3o-1.668952
June 22 at 10:13pm · Like

As pessoas que comprarem os ingressos conseguem dar as mãos naturalmente!
June 22 at 10:37pm · Like

Fonte: <http://migre.me/iSU4t>.

O evento não se efetiva nas ruas, mas antes disso já não configurava um acontecimento justamente em função da inexistência de uma rede ao seu redor. No total, foram apenas nove *posts*, todos de autoria do próprio propositor do evento, que juntos reuniram apenas 10 comentários e 21 curtidas, sem nenhum compartilhamento. Não há discussão como as desenroladas no "5º Grande Ato" e em "#VemPraRuaBH". Não há sequer comentários ao último *post*, que sepulta de vez o evento ao anunciar o cancelamento da ideia do abraço, supostamente "seguindo decisão da maioria dos movimentos de protesto programados para hoje na cidade".

O *não acontecimento*, portanto, diz respeito não simplesmente à ausência da contraface nas ruas, mas fundamentalmente à ausência de conexões que o modelem em rede. O evento "Flores e Velas BH", marcado para as 18 horas do dia 28 de junho, por exemplo, não se efetivou significativamente nas ruas, mas constituiu movimento expressivo em conexões midiáticas. Era para ser uma homenagem silenciosa a Douglas Souza, contrastando com a balbúrdia da Praça Sete em horário de pico de uma sexta-feira. Foram 5.192 convidados, dos quais 173 confirmaram presença. Menos de 10 efetivamente seguiram à Praça Sete, onde a homenagem quase passou despercebida, segundo relatos dos próprios internautas.

Mas, diferentemente do ocorrido no exemplo anterior, pode-se sustentar que as conexões fizeram o evento acontecer. Usuários do Facebook começaram a questionar se nada seria feito para lembrar a morte do jovem metalúrgico tão logo a sua morte foi confirmada, ainda na manhã do dia 27. As manifestações foram postadas tanto em páginas pessoais quanto nos eventos "5º Grande Ato" e "#VemPraRuaBH", no qual às 13h52 o internauta Glayson Martins faz a seguinte proposição: "Devíamos dar um tempo. Em respeito ao jovem que faleceu". Os 57 comentários que esse *post* recebeu impressionam nem tanto pelo número, mas pelo fato de serem todos com mais de duas linhas, algo raro em um universo em que as conversações muitas vezes não passam de postagens de *emoticons*,[29] evidenciando que a provocação despertou reações apaixonadas. Nos instantes seguintes, usuários dos dois eventos fazem comentários com sugestões de criação do evento, até que o "Flores e Velas BH" é criado a partir da página "#VemPraRuaBH".

---

[29] *Emoticon* é palavra derivada da junção dos termos (em inglês) *emotion* (emoção) e *icon* (ícone). É uma forma de comunicação paralinguística realizada a partir de caracteres tipográficos em sequência que ilustram uma expressão facial – tais como: **:)** , **^-^** e **:(** – ou ícones ilustrativos – tais como J ou L. O objetivo é traduzir o estado psicológico ou emotivo de quem os emprega (<http://is.gd/Dr58oJ>).

Na página do "Flores e Velas BH", embora tenham sido apenas 20 posts, foram 18 diferentes autores, evidenciando a horizontalidade do evento. A postagem das fotos da homenagem penetra os eventos "5º Grande Ato" e "#VemPraRuaBH", além de ganhar outros espaços, como a página do BH Nas Ruas.[30] A ação, portanto, faz agir, gera diferenças e deixa rastros, condições caras à perspectiva do acontecimento em rede tal como aqui postulado. Essa dispersão em conexões de mídias digitais evidencia a potência do acontecimento, mesmo que sua contraface nas ruas seja frágil. E, consequentemente, evidencia a força política do acontecimento por meio da visibilidade que o enunciado reticular alcança no *dispositivo protesto*.

A potência política dos acontecimentos em rede

No dispositivo foucaultiano, a dimensão política aparece, como curvas de visibilidade e de enunciação, na relação de poder explícita no desequilíbrio das linhas que o atravessam. Trata-se de uma concepção política voltada para a vida cotidiana, inserida no corpo social (FOUCAULT, 1998). Abordar os acontecimentos que atravessaram o *dispositivo protesto* por esse prisma implica em desvelar a meada de linhas que os constituíram. Essa não é uma tarefa fácil, já que os acontecimentos se apresentam sobrepostos, enredados uns aos outros. "O problema é ao mesmo tempo distinguir os acontecimentos, diferenciar as redes e os níveis a que pertencem, reconstituir os fios que os ligam e que fazem com que se engendrem, uns a partir dos outros" (FOUCAULT, 1998, p. 5). Trata-se, de acordo com Foucault

---

[30] Cobertura colaborativa dos protestos deflagrada por estudantes de Comunicação. Com o mote "A revolução será filmada por você. #bhnasruas", pode ser conferida em <http://www.facebook.com/BHnasRuas>.

(1998), de fazer a genealogia[31] das relações de força, de desenvolvimentos estratégicos e de táticas.

Em uma discussão acerca do dispositivo foucaultiano, Certeau (2007) reserva lugar privilegiado às táticas, como práticas ordinárias, no rearranjo das relações de força. Segundo ele as táticas se conformam por movimentos de astúcia baseados no exercício de cálculos provisórios, enquanto as estratégias se referem ao "cálculo (ou a manipulação) das relações de força que se torna possível a partir do momento em que um sujeito de querer e poder (uma empresa, um exército, uma cidade, uma instituição científica) pode ser isolado" (CERTEAU, 2007, p. 99).

Algumas decisões tomadas nas ruas pelos manifestantes, como registro de imagens colocadas em circulação nas mídias sociais, em tempo real, alteraram taticamente o rumo das passeatas. Constituíram, assim, curvas de visibilidade e de enunciação no *dispositivo protesto*. Táticas acionadas pelos manifestantes não significam, porém, homogeneidade de ações, nem sequer consenso. E é justamente esse caráter provisório e disruptivo das táticas que as tornam essenciais na dinâmica de forças que conforma a dimensão política do *dispositivo protesto*.

Alguns eventos do Facebook, como instâncias mediadoras dos protestos nas ruas, configuraram, por sua vez, espécies de linhas de força no *dispositivo protesto*. É exemplo disso o evento "5º Grande Ato", que, devido à centralidade que ocupou entre os eventos que mediaram os protestos em Belo Horizonte, orientou e organizou estrategicamente a atuação coletiva. Essa centralidade esteve diretamente relacionada à visibilidade que alcançou nas conexões de mídias

---

[31] "É isto que eu chamaria de genealogia, isto é, uma forma de história que dê conta da constituição dos saberes, dos discursos, dos domínios do objeto, etc." (FOUCAULT, 1998, p. 7).

digitais por meio dos enunciados que o atravessaram. Ao convocar manifestações, guiar comportamentos e pautar discussões, encadeando ações coletivamente construídas, esse evento orientou relações e práticas sociais organizadas conforme a lógica reticular das conexões. Interferiu, desse modo, nas relações de poder que modelaram o *dispositivo protesto*, uma vez que "a visibilidade de algum modo 'precodifica' as posições a serem assumidas por aqueles a quem se destina o suposto jogo livre da política" (SODRÉ, 2006, p. 129).

Rancière (2005) relaciona a condição de visibilidade, por meio da linguagem, à emergência do fato político: a linguagem que dá a ver, causando um litígio. É o caso do evento criado em consequência da morte de Douglas Henrique de Oliveira Souza ou mesmo do vídeo que registra esse episódio. Conforme Ranciére (1996, p. 16), a política "ocupa-se do que se pode dizer sobre o que é visto, de quem tem competência para ver e qualidade para dizer, das propriedades do espaço e dos possíveis do tempo".

No episódio em questão, a enunciação e a visibilidade articuladas em rede pelos próprios manifestantes alteraram a relação de forças no *dispositivo protesto*. Os manifestantes relataram e compartilharam o acontecimento em temporalidade diferida, isto é, combinando a urgência do tempo real (lógica da oferta) e a necessidade individual da busca no banco de dados (lógica da demanda). Desse modo, não apenas participaram da configuração reticular do acontecimento, como também lhe conferiram relevância política ao delinearem seus contornos em curvas de enunciação e de visibilidade variadas no *dispositivo protesto*.

A política, como se observa nesse episódio, corresponde à atuação integrada de agentes em movimento, daí a relevância das táticas no reposicionamento do dispositivo. Do contrário, na visão de Latour (2008), o grupo se transforma em agregados de elementos fixos, aos quais é impossível o exercício da autonomia ou liberdade. O *dispositivo protesto* recusa agrupamentos de elementos fixos, pois se constitui de elementos *em movimento*. É essa perspectiva que faz dos acontecimentos em rede, que permearam o *dispositivo protesto*, uma forma política altamente relevante, ainda que instável e provisória.

Considerações finais

Os protestos brasileiros de junho de 2013, aqui observados como dispositivo agenciado na interface entre rua e mídias sociais, em especial o Facebook, constituíram-se de acontecimentos em rede regidos pela cultura da convergência, que integra mídias tradicionais e mídias sociais por meio da lógica das conexões. Tais acontecimentos, que podem ser observados por suas peculiaridades de registro e de circulação, delinearam curvas de visibilidade e de enunciação no *dispositivo protesto*, alterando certas condições de poder, saber e subjetivação que atravessam a sociedade contemporânea.

É o que se observa nos acontecimentos em rede relacionados aos eventos do Facebook aqui analisados. Como instâncias mediadoras dos protestos, os eventos do Facebook cumpriram a função de agenciar os acontecimentos em análise – inclusive aqueles aqui identificados como *não acontecimentos* por não se tecerem no movimento das conexões *on* e *offline*. Quanto mais os acontecimentos em rede se espraiavam em conexões de mídias digitais, fortalecendo as instâncias mediadoras que os deflagrou, mais alcançavam visibilidade e, portanto, mais relevância política conquistavam.

Por causa disso, os acontecimentos em rede não podem ser compreendidos deslocados da dimensão política que os diferencia, sendo esta igualmente compreendida na perspectiva do movimento reticular das conexões que a agenciam.

Trata-se de uma dimensão política mais lúdica que racional e, justamente por isso, precisa ser compreendida em relação às dimensões estéticas, sociais e culturais que permeiam o agenciamento reticular do *dispositivo protesto*. É, portanto, por meio de táticas relacionadas à cultura remix, à prática colaborativa e à temporalidade diferida que permeiam a atual cultura da convergência que buscamos compreender a dimensão política dos acontecimentos aqui analisados.

Referências

AGAMBEN, G. O que é um dispositivo? *Outra travessia*, Florianópolis, n. 5, p. 9-16, 2005.

CARLÓN, M. *Sobre lo televisivo: dispositivos, discursos y sujetos*. Buenos Aires: La Crujía, 2004.

CERTEAU, M. *A invenção do cotidiano*. Tradução de Ephraim Ferreira Alves. Petrópolis: Vozes, 2007. v. 1: Artes de fazer.

DELEUZE, G. ¿Que és un dispositivo? In: BALBIER, E. *et al. Michel Foucault, filósofo*. Barcelona: Gedisa, 1990. p. 155-161.

DELEUZE, G. *Mil platôs: capitalismo e esquizofrenia*. São Paulo: Editora 34, 1995. v. 1-2: Gilles Deleuze, Félix Guattari.

DELEUZE, G.; GUATTARI, F. *O que é filosofia?* Tradução de Bento Prado Jr. e Alberto Alonso Muñoz. Rio de Janeiro: Editora 34, 2004.

FOUCAULT, M. Michel Foucault, uma entrevista: sexo, poder e a política de identidade. *Verve*, n. 5, p. 260-277, 2004. Disponível em: <http://is.gd/zw6b7X>. Acesso em: 16 mar. 2014.

FOUCAULT, M. *Microfísica do poder*. Rio de Janeiro: Graal, 1998.

GÓMEZ, G. O. Comunicação social e mudanças tecnológicas: mudanças e opacidades da comunicação no novo século. In: MORAES, D. (Org.). *Sociedade midiatizada*. Rio de Janeiro: Mauad, 2006. p. 81-98.

HENN, R. Acontecimento em rede: crises e processos. In: LEAL, B.; ANTUNES, E.; VAZ, P. B. (Orgs.). *Jornalismo e acontecimento: percursos metodológicos*. Florianópolis: Insular, 2011.

HENN, R. Apontamentos sobre o ciberacontecimento: o caso Amanda Tood. In: ENCONTRO ANUAL DA ASSOCIAÇÃO

NACIONAL DOS PROGRAMAS DE PÓS-GRADUAÇÃO EM COMUNICAÇÃO, 22., 4-7 jun. 2013, Salvador. *Anais...* Disponível em: <http://is.gd/HGFAZt>. Acesso em: 10 abr. 2014.

HJARVARD, S. Midiatização: teorizando a mídia como agente de mudança social e cultural. *Matrizes*, São Paulo, v. 5, n. 2, p. 53-91, jan.-jun. 2012.

JENKINS, H. *Cultura da convergência*. Tradução de Susana Alexandria. São Paulo: Aleph, 2008.

JENKINS, H.; FORD, S.; GREEN, J. *Spreadable Media: Creating Value and Meaning in a Networked Culture*. New York: New York University Press, 2013.

LATOUR, B. E se falássemos um pouco de política? *Politix*, Paris, n. 58, 2002.

LATOUR, B. *Ciência em ação: como seguir cientistas e engenheiros sociedade afora*. Tradução de Ivone C. Benedetti. São Paulo: Ed. Unesp, 1987.

MANOVICH, L. *Remixability*. 2005. Disponível em: <http://is.gd/3n6mHu>. Acesso em: 10 fev. 2009.

QUÉRÉ, L. Entre o facto e sentido: a dualidade do acontecimento. *Trajectos, Revista de Comunicação, Cultura e Educação*, Lisboa, n. 6, p. 59-75, 2005.

RANCIÈRE, J. *A partilha do sensível: estética e política*. Tradução de Mônica Costa Netto. São Paulo: EXO Experimental/Editora 34, 2005.

SANTOS, M. *A natureza do espaço: técnica e tempo, razão e emoção*. São Paulo: Ed. Universidade de São Paulo, 2009.

SCOLARI, C. *Hipermediaciones: elementos para uma teoría de la comunicacíon interactiva*. Barcelona: Gedisa, 2008.

SODRÉ, M. *As estratégias sensíveis*. Petrópolis: Vozes, 2006.

TRAQUINA, N. *Teorias do jornalismo*. Florianópolis: Insular, 2005. v. 2: A tribo jornalística: uma comunidade interpretativa transnacional.

WEISSBERG, J.-L. Paradoxos da teleinformática. In: PARENTE, A. (Org.). *Tramas da rede*. Porto Alegre: Sulina, 2004. p. 113-141.

ZAGO, G. A participação dos integrantes nos sites de redes sociais como uma dimensão do acontecimento jornalístico. *Intexto*, Porto Alegre, n. 28, p. 156-170, jul. 2013.

A marcha nas ruas e o movimento nas redes
Autocomunicação de massa e *mise en scène*

Sônia Caldas Pessoa

Dinâmicas das ideias

A ocupação das ruas e das redes sociais digitais é uma das singularidades do movimento político que tomou conta de Belo Horizonte em junho e julho de 2013. A exemplo do que ocorreu nos países árabes, como Tunísia e Egito, e em alguns europeus, como a Espanha, em anos anteriores, grande parcela da população foi às ruas protestar e as redes sociais digitais foram fundamentais nessa mobilização. Um dos diferenciais dessa iniciativa política em Belo Horizonte é exatamente a ideia de mover-se, de seguir, de andar pelas ruas em longos deslocamentos – algo que pode ter sido planejado ou gestado no calor dos acontecimentos.

Os protestos que começaram em São Paulo, em um primeiro momento reivindicando a redução do valor das passagens de ônibus, se alastraram pelo Brasil e ampliaram a pauta de reivindicações. Em Minas Gerais, o Tribunal de Justiça havia proibido manifestações de qualquer tipo que interditassem as vias urbanas durante a Copa das Confederações, que teria a capital mineira como uma das sedes dos jogos. No dia 17 de junho, estima-se que 12 mil pessoas tenham se reunido na Praça Sete, no centro de Belo Horizonte, um marco no movimento que teria continuidade a partir dali com novos protestos, em sua maioria em marcha pela cidade, e ocupações.

Por isso chamo,[1] grosso modo, os fatos que marcaram junho e julho de 2013 em Belo Horizonte de movimento, por pelo menos três motivos. Primeiro pode-se pensar em uma série de atividades organizadas por pessoas que pretendem alcançar determinado objetivo. Em uma segunda acepção, movimento seria uma tendência, típica de uma esfera de atividades. Em seu aspecto filosófico nos remete à tentativa de mudança ou alteração interna e/ou externa de um sistema. Somados a esses significados, há o movimento de informações sobre o movimento político nas redes sociais digitais, que não se apresentariam, nesses processos, como meros dispositivos tecnológicos (DELEUZE, 1996).

As redes sociais digitais configuram-se como teias complexas, capazes de promover a articulação das relações políticas e sociais coletivas, muitas vezes a partir de iniciativas pessoais que, por sua vez, extrapolam uma dimensão particular ao se juntar a outras iniciativas, tecendo, assim, uma cadeia de ações comunicativas horizontais.

> As redes se tornaram ao mesmo tempo uma espécie de paradigma e de personagem principal das mudanças em curso justo no momento em que as tecnologias de comunicação e de informação passaram a exercer um papel estruturante na nova ordem mundial (PARENTE, 2010, p. 92).

Mesmo sendo difícil precisar qual a ordem desse fluxo e se existe uma ordem previamente orquestrada, pode-se

---

[1] Optei por usar a primeira pessoa do singular neste artigo tendo em vista o relato de experimentações nas quais estou diretamente envolvida.

conceber, para efeito deste artigo, que das redes sociais digitais veio a divulgação para o convite das manifestações. Das ruas veio a produção individual de informações e a interação nas próprias redes. Ou podemos pensar ainda que esses fluxos se deram simultaneamente, em alimentação recíproca e ininterrupta. A partir da lógica dos manifestantes, que se reuniam em um espaço público para promover uma ocupação da cidade com caminhadas, e dessa simbiose entre rua e rede, realizei três experimentações nas redes sociais digitais, especialmente no Facebook.

A ocupação do meu perfil pessoal no Facebook foi executada na tentativa de compreender o movimento do indivíduo, que se sente à vontade para produzir e socializar informações, ainda que em um universo particular, e o movimento dos demais usuários, que confiam nesse conteúdo e desencadeiam uma série de ações comunicativas, tais como comentários e solicitações, entre outras. Uma das inspirações para as experimentações veio do conceito de autocomunicação de massa, cunhado por Castells, e que será explicado a seguir.

Seguindo o fluxo do próprio movimento político, me permiti adaptar, aos poucos, às três experimentações e deixar que elas se constituíssem, pelo menos parcialmente, na medida em que se materializavam nas redes sociais. Por isso, peço licença para relatar neste texto tanto as minhas impressões quanto as minhas experiências e opiniões, correndo o risco de compartilhar com o leitor vivências personalizadas.

Nessas experimentações falo de um lugar de blogueira, usuária das redes sociais digitais, produtora de informação, ativa em um processo de cobertura colaborativa, permeado por contribuições distintas e subjetividades que dão o tom de cada uma dessas iniciativas nas redes sociais digitais. Falo também como pesquisadora da temática, com os possíveis constrangimentos e restrições do envolvimento de uma pesquisadora com o seu próprio objeto de pesquisa.

Escrever sobre um movimento político em desenvolvimento e a sua relação com as redes sociais que são, em essência, propícias a deslocamentos constantes de tempo e espaço, é estar diante de um cenário escorregadio, sujeito a alterações dos próprios eventos sobre os quais se escreve. Pode-se considerar que esses eventos se compõem e se desfazem simultaneamente ao processo da escrita. Em certa medida, escrever sobre o tempo presente (RICOEUR, 1994) é um exercício de recuperar a memória da atualidade, em constituição simultânea ao seu registro narrativo, uma condição típica do Jornalismo. Essa atividade envolveria a transitoriedade entre os tempos passado, presente e futuro quando a incerteza torna-se uma das características principais dessa articulação narrativa.

Este artigo, então, se propõe a relatar as experimentações, destacar algumas postagens e registrar as primeiras impressões do ponto de vista da relação entre produtor de autocomunicação de massa e usuários das redes sociais digitais. Provavelmente, em um segundo momento, será possível fazer uma análise mais detalhada tendo em vista o grande volume de postagens e de comentários: as três experimentações reuniram mais de 300 postagens do produtor do conteúdo, mais de 400 comentários e mais de 350 mensagens *inbox* no Facebook.

Faz-se importante mencionar a dificuldade para a recuperação dos dados nas redes sociais digitais. Os registros do presente que, no dia seguinte, se tornariam passado recente, poderiam cair no que chamo de limbo desses *sites*, especialmente do Facebook. Sem um sistema de busca eficaz, pelo menos até o momento de publicação deste artigo, o Facebook utiliza mecanismo que oculta da linha do tempo ou do mural algumas publicações passadas, deixando à vista apenas o que considera destaque ou aquelas que receberam maior número de curtidas, comentários e compartilhamentos. É possível procurar essas postagens disponíveis apenas para o próprio dono do perfil em seu histórico pessoal. Nesse caso, o usuário deve verificar as postagens feitas mês a mês, dia a dia, e abrir uma a uma, para copiá-las ou confirmar o conteúdo e os comentários, compartilhamentos e curtidas gerados. A coleta manual, que representa um trabalho significativo, pode ser considerada mais precisa para análise qualitativa de redes de pequeno porte. Há registros de bloqueios de perfis do Facebook e do Orkut que usaram aplicativos para coleta de dados. Além das implicações técnicas, há implicações éticas, afinal, analiso uma rede composta por relações síncronas, ou seja, recíprocas, na qual se pressupõe a "amizade" no Facebook. Não se trata de uma página pública, aberta a todos que desejam acessá-la. Posto o desafio e registradas as ponderações, passamos a alguns pressupostos teóricos e depois às experimentações.

Pistas teóricas em diálogo

A popularização da internet e das redes sem fio mudou significativamente a comunicação de massa, permitindo o surgimento da autocomunicação de massa, ou seja, ações comunicativas realizadas de um para muitos, tais como aquelas que têm lugar em redes sociais digitais, *chats*, programas de comunicação instantânea, entre outros (CASTELLS, 2009). Em seu uso corriqueiro, essa autocomunicação pode estar a serviço de divulgação pessoal, com imagens e informações sobre a vida privada dos indivíduos. Pode, porém, ganhar dimensão maior e de âmbito político-social, quando está a serviço da produção de informação que se imagina ser de interesse coletivo.

A produção de conteúdo torna-se mais livre, rápida, individualizada e subjetiva em um cenário no qual a autocomunicação de massa passa a fazer parte da rotina de parcela significativa da população com a proliferação das redes sem fio em dispositivos móveis. Nesse sentido, as redes horizontais de comunicação se sustentariam por meio de suas características principais, como a autonomia e as escolhas dos proprietários do perfil, a disseminação de informação e a possibilidade de alcance de muitas pessoas por meio das redes e dos nós (CASTELLS, 2012).

Os fluxos de ideias gerados, levando-se em consideração a autonomia e as escolhas dos usuários, permitiriam um outro tipo de movimento contínuo que ampliaria a penetração individual de conteúdo. Os fluxos individuais encontrariam campo propício para se tornarem fluxos coletivos abertos, como definiram Santaella e Lemos (2010), em uma dinâmica de geração de conversações que, por sua vez, originariam laços sociais.

Esses laços sociais estariam calcados no que o usuário das redes sociais se permite mostrar, publicar, ou nas suas interações, além, é claro, de relações sociais anteriores que podem existir entre os usuários. Por meio desses laços, compartilha-se muito mais do que informação e imagem; compartilha-se significado.

A construção de significados pode ser concebida por um indivíduo ou por indivíduos, que trabalham com uma lógica própria, com vistas a atingir a coletividade.

> O que tece tais redes de coletivos sociais são relações, conflitos e processos políticos e sociais que ocorrem na sociedade, cujas causas e consequências se entrelaçam no cotidiano dos atores e são, cada vez mais, compartilhadas entre eles. Assim como outros aspectos das relações sociais mediadas por computadores, os conflitos e processos de mudança reverberam e difundem-se

nas redes telemáticas até conquistar mentes e alcançar o cotidiano das pessoas (MACHADO, 2004, s.p.).

Para a construção desses significados, cada usuário aposta em uma proposta de encenação nas trocas conversacionais realizadas nas redes sociais digitais, considerando que as práticas sociais seriam componente importante para a constituição de convenções e normas de comportamentos linguageiros. Sem elas, dificilmente se viabilizaria a comunicação humana e o significado pretendido, muitas vezes, se perderia. "A situação de comunicação é como um palco, com suas restrições de espaço, de tempo, de relações, de palavras, no qual se encenam as trocas sociais e aquilo que constitui o seu valor simbólico" (CHARAUDEAU, 2007, p. 67).

No palco das redes sociais digitais tem papel de destaque, então, essa *mise en scène* ou a encenação que se assemelharia a uma arrumação do que se deseja dizer ou fazer passar aos outros usuários, de modo considerado adequado pelo próprio usuário.

Estratégias metodológicas em ação: inquietações para a pesquisa

O objetivo das experimentações é perceber a reação dos usuários diante da *mise en scène* de um proprietário de perfil que desencadeia ações comunicativas informativas e opinativas que, por um lado, se deslocam da perspectiva tradicional jornalística vinculada a veículos de comunicação reconhecidos, por ser autônoma e individualizada, nos moldes de uma autocomunicação de massa, e, por outro lado, não se afastam totalmente da cobertura jornalística tendo em vista o cuidado com a apuração, a citação de fontes, e muitas outras características típicas do jornalismo, como o imediatismo e a prestação de serviços.

Não houve preocupação nas experimentações em quantificar resultados; a prioridade foi a interação entre o pesquisador e os membros das situações pesquisadas. Por isso a opção por ter como referência a pesquisa-ação, que se volta para a base empírica e que pretende descrever situações concretas de intervenção ou ação orientada, conforme sintetiza Thiollent:

> [...] a pesquisa-ação é um tipo de pesquisa social com base empírica que é concebida e realizada em estreita associação com uma ação ou com a resolução de um problema coletivo e no qual os pesquisadores e os participantes representativos da situação ou do problema estão envolvidos de modo cooperativo ou participativo (THIOLLENT, 2003, p. 14).

As experimentações também foram motivadas pela inquietação com a cobertura jornalística da grande mídia que, em sua maioria, restringia o espaço dos manifestantes e reforçava, a meu ver, a dicotomia manifestantes x vândalos, sem detalhar o discurso de quem participava do movimento, ou melhor dizendo, sem dar voz efetiva às pessoas que estavam nas ruas.

Uma outra inquietação também se fez importante: afinal, a cobertura dita alternativa, ou a autocomunicação de massa encontra eco em públicos definidos pelo próprio usuário que produz o conteúdo?

E, por fim, mas não menos importante, os usuários aceitam o jogo da *mise en scène* proposto? Preocupam-se em conferir as informações? Preocupam-se em saber se quem publica informações está ou não no local da cobertura? Isso faz diferença do ponto de vista da confiabilidade da informação? Ou há um contrato de confiança entre os usuários que dispensa uma checagem do que está sendo divulgado?

O primeiro movimento de experimentação

A primeira experimentação foi espontânea e individual, logo após a minha participação presencial na manifestação, com a produção de um artigo opinativo publicado em meu *blog*.[2] Mas o que me levou às ruas? Meu perfil no Facebook[3] tem 2.150 amigos, sendo a maioria jornalistas, estudantes e profissionais de Comunicação Social, professores da área de Humanas, Ciência Sociais Aplicadas e profissionais autônomos. É usado para a publicação de assuntos pessoais, informações sobre a minha produção no mercado de trabalho e na universidade e outros temas que me interessam, como as próprias redes sociais, análise do discurso e comportamento.

Costumo evitar política e futebol por uma certa reação parcial e até mesmo exagerada por meio de comentários que os dois temas suscitam. Mantenho ainda uma página sobre diversidade, educação e inclusão,[4] que integra o projeto do *blog* supracitado. Há mais de um ano no ar, a página reúne as minhas vivências com educação inclusiva e se tornou um espaço de encontro de mães e profissionais que trocam ideias e experiências sobre o tema, bem como um espaço de discussão de políticas públicas para a área.

Antes de ir para a rua e acompanhando à distância os protestos em São Paulo e em outras cidades brasileiras, iniciei no meu perfil pessoal uma série de postagens sobre as manifestações com foco em dois movimentos. O primeiro era compartilhar matérias publicadas pelos grandes veículos de comunicação, sempre acompanhadas

---

[2] <http://www.tudobemserdiferente.com>.

[3] <http://facebook.com/sonia.pessoa>.

[4] <http://facebook.com/tudobemserdiferente>.

de breves comentários críticos. O segundo era publicar uma série de dúvidas sobre o transporte coletivo, educação, saúde, corrupção e ética na política, reivindicações apresentadas nas manifestações pelo país. Observei a resposta dos meus amigos no Facebook. Talvez eu possa dividi-los aqui, nesse momento da experimentação, sem pretensão de categorizá-los, em três grandes grupos, que tento resumir a seguir.

Um grupo seria composto por pessoas que têm histórico de participação em movimentos políticos. Manifestaram-se assustados, a princípio favoráveis a movimentos populares, mas desconfiados das intenções de algo que tenha ganhado corpo nas redes sociais digitais ou com apoio significativo delas. A cada postagem minha, de incentivo ao movimento político, surgiram questionamentos, com crítica especial à ausência de liderança e tentativas de descaracterizar as ações coletivas intimamente ligadas às redes sociais. Um outro grupo, constituído por profissionais de comunicação ligados a órgãos públicos e partidos políticos, se apressava em postar, nas minhas indagações, comentários que atrelavam o movimento das ruas a grupos políticos de esquerda ou de direita, com fortes receios de um suposto golpe militar. Posso mencionar ainda um terceiro grupo, interessado muito mais no conteúdo das postagens do que em manifestar suas opiniões.

O texto que publiquei no *blog*, intitulado "A manifestação que eu vi e a que fiz", mostra a minha participação solitária e improvisada em uma das manifestações. Foi uma tentativa de registrar o meu apoio aos manifestantes e deixar claro para os leitores que ir à região central de Belo Horizonte e caminhar alguns quilômetros ao lado de desconhecidos dizia respeito a cada um de nós, a todos os brasileiros, conscientes ou não de suas próprias atitudes políticas. Antes de falar sobre as inquietações políticas que me levaram para a rua, registro as condições pessoais nas quais essa participação se dá:

> Eu não havia planejado participar da manifestação da segunda-feira, 17 de junho, na Praça 7, em Belo Horizonte. Deixei meu filho na escola e o carro parecia seguir um rumo próprio. Vi vários policiais em motos, nas proximidades do Palácio das Mangabeiras, sede oficial do Governo do Estado de Minas Gerais. As ruas e praças próximas ao palácio e que dão acesso ao centro da cidade estavam com policiamento reforçado. Fui passando, aos poucos, por várias viaturas da Polícia Militar. Desci a avenida Afonso Pena e tinha certeza que cairia em um engarrafamento e de lá não sairia tão cedo. Mas essa certeza não parecia fazer a menor diferença. Parecia não ser impedimento. Lá no fundo, uma voz me lembrava a todo momento: "você não pode demorar... está sozinha na cidade, não há mais ninguém para buscar o filho na escola... vá, mas volte rapidamente..."[5]

A identificação pessoal com o texto e com os manifestantes levaram as pessoas a comentar a postagem no próprio *blog*. Curiosamente, todos os comentários foram postados por pessoas conhecidas, o que não é muito comum nesse espaço. E, na maioria, remetem a uma discussão corrente naquele momento na mídia e nas redes sociais sobre a dicotomia entre manifestantes e vândalos. Chama a atenção o uso pelos leitores de expressões populares, que remetem a algo insuportável ou intolerável, para se referirem à situação política brasileira. Um dos comentários diz: "Mais uma vez: você me representa! Letra por letra, linha por linha, descreve um sentimento entalado na minha garganta!". Na mesma sintonia, um outro leitor escreve: "Parabéns,

---

[5] O texto completo pode ser conferido em <http://is.gd/Qdqqax>.

Sônia, só participando é que podemos colocar para fora o que nos cala na garganta".

Compartilhada no Facebook, a postagem recebeu comentários breves, a maioria monossilábicos, assertivos e de apoio ao registro da minha participação. Vieram, sobretudo, de jornalistas em atividade nas redações de veículos tradicionais de comunicação. Os primeiros comentários buscam uma interação imediata, com avisos da ação da PM e tentativas de marcar encontro nas ruas. Os demais dizem se identificar e se sentir representados, além de agradecimento pelas informações: "Fantástico!", "Importante", "Obrigada pelo registro", "Obrigada pela informação", conforme a nuvem ilustrativa a seguir. Na FIG. 1 observamos uma nuvem de *tags* com as principais expressões utilizadas nos comentários dos leitores.

Figura 1 – Nuvem de *tags* com as principais ocorrências dos comentários dos leitores sobre "o primeiro movimento de experimentação no blog"

Fonte: <http://goo.gl/JFfeOM>. Gerado a partir do <http://tagul.com>.

O segundo movimento de experimentação

A segunda experimentação ocorreu no dia 26 de junho de 2013, dia de nova manifestação na Praça Sete. O clima em Belo Horizonte estava tenso depois do acirramento das relações entre manifestantes e policiais. A concentração na região central trazia a dúvida sobre a movimentação ou não em direção ao estádio Mineirão, considerado território definido pela Fifa (Federação Internacional de Futebol Associado), onde às 16 horas seria realizado o jogo Brasil e Uruguai pela semifinal da Copa das Confederações.

Nesse dia a intenção da experimentação era movimentar o Facebook com postagens em tempo real sobre os protestos nas ruas do centro da cidade até o Mineirão, descrever o perfil dos manifestantes a partir da observação, informar ações da Polícia Militar, bastante questionada nas redes sociais pela postura em manifestações anteriores, e tentar acompanhar a marcha até o estádio.

Decidi fazer um primeiro registro no Facebook com um pedido aos manifestantes (na FIG. 2, temos nuvem de *tags* sobre essa postagem), demonstrando que, apesar de não estar nas ruas naquele dia, apreciava o movimento e desejava que tudo pudesse ocorrer com tranquilidade, sem violência, e sem conflitos entre manifestantes e policiais. Imediatamente houve resposta, com comentários de quem pensava de maneira semelhante, quem acreditava que a Polícia Militar agiria com truculência, e de quem havia presenciado cenas de tensão nos protestos anteriores.

Figura 2 – Nuvem de *tags* com as principais ocorrências dos comentários dos leitores sobre "o segundo movimento de experimentação nas redes sociais digitais"

Concordo
Sem Violência
Não queremos violência
Calma Tranquilidade
Fim da Violência Policial   **Abaixo a Truculência**
Pedido aos manifestantes
Manifestação sem violência

Fonte: <http://goo.gl/tkLPou>. Gerado a partir do <http://tagul.com>.

A partir daí foram publicadas diversas postagens descritivas sobre a movimentação nas ruas, número de pessoas, revista feita pela Polícia Militar em mochilas dos jovens e não das pessoas "maduras", informações de utilidade pública como a falta de banheiros, brincadeiras baseadas em informações, como o salgado mais vendido no momento, que era a coxinha, uma gozação àquelas pessoas chamadas por parte dos manifestantes por esse nome,[6] entre várias outras informações.

Montei uma pequena central de produção e de apuração de informações que contava com um colaborador, que aqui vou chamar de informante, acompanhando a marcha

---

[6] O termo "coxinha" tem origem controversa e aplicações diversas. Pode servir para designar uma pessoa considerada "arrumadinha", "engomadinha" ou sinônimo de "Mauricinho". Pode ser usado para se dirigir a policiais militares que teriam um vale-refeição tão pequeno que só daria para comprar uma coxinha. Confira a história e os possíveis significados em <http://is.gd/8sRQqT>.

da Praça Sete ao Mineirão. Todo o trabalho do informante foi feito com um telefone celular para fotografar e um outro aparelho celular simples e sem câmera fotográfica, cuja bateria tem maior durabilidade, para as ligações telefônicas. Além disso, me responsabilizei pela checagem de informação a partir de escuta de emissoras de rádio como a Itatiaia e duas *all news* (CBN e Band News), além de acompanhamento alternado das emissoras de televisão GloboNews, Record e Globo, leitura de páginas no próprio Facebook e de *sites* com cobertura tradicional como o Uai[7] e Uol,[8] e cobertura colaborativa como o BH nas Ruas,[9] além de assistir a transmissão ao vivo do Pós-TV.[10] Esse acompanhamento dava uma dimensão geral dos eventos e me permitia selecionar informações que não estavam sendo veiculadas pela grande mídia. Meu interesse era publicar algo diferenciado, um conteúdo personalizado, com detalhes que escapavam às coberturas jornalísticas tradicionais, bem como orientar e dar dicas aos próprios manifestantes ou parentes que monitoram as redes sociais para informar sobre a ação da polícia, bombas, conflitos e outras questões de segurança para quem estava na rua. As postagens foram feitas ininterruptamente entre 11h55 e 21h54, sendo baseadas nos relatos do informante, que estava na rua entre 11h30 e 18 horas, e digitadas diretamente no Facebook. No restante do tempo houve compartilhamento de *links* de duas coberturas independentes, BH nas Ruas e Pós-TV, comentários e opiniões sobre os conflitos entre PM e manifestantes.

---

[7] <http://www.uai.com.br>.

[8] <http://www.uol.com.br>.

[9] <http://www.facebook.com/BHnasRuas>.

[10] <http://www.postv.org>.

Dois movimentos amplos de *mise en scène* foram criados nessa cobertura. O primeiro diz respeito à relação entre o informante e a produtora de conteúdo.[11] Nas primeiras horas da manifestação, o informante, que é historiador e não é usuário de redes sociais, acreditava estar passando informações pelo celular para uso futuro em minhas pesquisas acadêmicas. Planejei a situação assim para que a espontaneidade nos relatos pudesse ser aproveitada e para que fosse também um fator diferencial na experimentação. Quando comecei a pedir informações específicas e a direcionar a "cobertura" de acordo com as demandas surgidas no Facebook, achei melhor informá-lo do que se tratava. Agiu com naturalidade, achou interessante a proposta e continuou a gerar informações.

O segundo movimento de *mise en scène* se deu na relação entre a produtora de conteúdo e os demais usuários. Em um primeiro momento as postagens foram realizadas sem mencionar o lugar onde a produtora se encontrava, ou seja, se estava no local das manifestações ou não. Achei por bem avisar ao público que eu não estava lá, mas usei um recurso que permitia inferir ou não, de acordo com as referências e o acompanhamento de cada leitor. Em uma das postagens, dizia que "o meu olhar e o meu coração nas ruas" naquele dia vinham do meu informante. Essa postagem pode ter levado alguns leitores a inferir que não estava lá, mas pode também ter levado a outras inferências como, além de estar lá, havia outra pessoa que estivesse comigo ou outra pessoa, do meu círculo familiar, presente nas manifestações, além de mim.

A postagem supracitada parece não ter sido acompanhada por muitos usuários ou não surtiu o efeito de confirmar a cobertura à distância. Surgiram vários pedidos de

---

[11] O sintagma "produtora de conteúdo" se refere à autora deste artigo e também da experimentação nas redes sociais digitais.

leitores para que os manifestantes fossem avisados sobre a presença da polícia nas ruas laterais e também sobre as bombas na região do Mineirão, assim como sobre os conflitos entre PM e manifestantes, a invasão das lojas e outros eventos que marcaram as manifestações, especialmente a partir da marcha para o estádio, como mostram os três comentários a seguir:

> Avise aos manifestantes que as ruas próximas da Antônio Carlos estão todas fechadas pelos PMs. Eles fecharam as possibilidades de fuga...
>
> Diga aos manifestantes que há bombas perto do Mineirão...
>
> Peça ao pessoal para ter cuidado: mais um manifestante caiu do viaduto...

Na despedida e no desejo de boa noite, um pedido de desculpas pelo excesso de postagens, algo incomum no meu perfil no Facebook e novos comentários com pedidos para que as informações continuassem, reforçando a confiança entre os usuários. Na FIG. 3 temos a nuvem de *tags* com as expressões que mais apareceram nessa postagem e nos comentários.

Figura 3 - Nuvem de *tags* com as principais ocorrências dos comentários dos leitores sobre "a postagem de encerramento do segundo movimento de experimentação nas redes sociais digitais"

Fonte: <http://goo.gl/Ja81HG>. Gerado a partir do <http://tagul.com>.

O terceiro movimento de experimentação

Na Assembleia Popular de 27 de junho de 2013, foi montada uma pequena central informativa com dois *notebooks*, uma televisão, escuta alternada das emissoras de rádio e de televisão já mencionadas e novamente utilizada a técnica do relato e das imagens do informante por telefone. Dois objetivos principais nortearam a cobertura do dia: relatar o conteúdo do discurso dos manifestantes que se pronunciariam na assembleia e testar a confiabilidade do produtor de conteúdo e demais usuários, sem revelar se o produtor estava presente ou não no local do evento. A primeira postagem foi feita às 19 horas:

> As contradições das cenas urbanas... De um lado: algumas dezenas de pessoas já concentradas embaixo do viaduto Santa Tereza para a assembleia popular que acontece a partir de 19h... Do outro lado do mesmo viaduto, moradores de rua, usuários de crack, mendigos, cenários urbanos da pobreza, do sofrimento, da indefinição...

Treze minutos depois da primeira postagem, propositadamente, um comentário *off topic*, uma maneira de testar se haveria algum comentário ou pergunta que o relacionasse à presença ou não do produtor de conteúdo no local da assembleia. Mas não houve reação sobre isso; os comentários diziam respeito apenas ao tema namoro, abordado na postagem:

> Mãe, a gente conversou sobre namoro hoje na aula. Meu colega deu uma caixa de bombom para a minha colega no dia dos namorados. Aí a gente discutiu e refletiu sobre isso. É que criança não namora, né, mãe, tá cedo. Pedro, 7 anos, contando o dia no trânsito, de volta pra casa.

O comentário de um correspondente de um portal de notícias em Belo Horizonte revela que a cobertura da assembleia estava sendo feita por ele à distância: "Sônia, por favor, vá nos dando notícias e me envie o resultado da assembleia no final". A mensagem de um jornalista, de plantão em um jornal diário de Belo Horizonte, também deixa pistas sobre a cobertura da assembleia à distância: "Sônia, sua divulgação aqui tá ótima, porque o áudio da postv tá um pouco ruim".

As postagens geraram muitas mensagens *inbox*. Entre elas, a de um assessor do Governo do Estado de Minas Gerais, que estava acompanhando a cobertura e tinha dúvidas sobre o conteúdo transmitido pela Pós-TV: "vc é ágil... tô adorando... recebi o áudio... é o q eu ouvi mesmo e o q vc escreveu...".

A ideia da presença física da produtora de conteúdo na assembleia pode ser percebida em alguns comentários: "Nada me tira da cabeça que aquele viaduto tem que se chamar Douglas Henrique de Oliveira Souza. Eu vou continuar enchendo o saco de vocês com essa ideia e serei grato se a Sônia Pessoa puder jogar essa ideia na assembleia que está rolando agora". E ainda: "Você vai falar na assembleia? Qual vai ser a sua proposta?".

No dia 28 de junho pela manhã, escrevi um comunicado aos leitores e assumi que havia feito uma experimentação sem, contudo, revelar os detalhes da mesma.

A seguir, um resumo com uma nuvem de *tags* (FIG. 4) a partir das postagens do dia 27 de junho de 2013 para que os leitores possam ter ideia do conteúdo das ocorrências que considerei mais significativas.

Figura 4 - Nuvem de *tags* com as principais ocorrências dos comentários dos leitores sobre "o terceiro movimento de experimentação nas redes sociais digitais"

Fonte: <http://goo.gl/yYdsnl> (reunião de postagens diversas do dia 27/06/2013). Gerado a partir do <http://tagul.com>.

Apontamentos em constituição

O relato dessas experimentações é uma tentativa inicial de reunir pistas que possam, quem sabe, contribuir para desvendar, minimamente, as relações síncronas do sujeito na produção de informação, as fronteiras tênues entre a produção de informação e o ativismo político-social e a sensação de pertencimento a grupos heterogêneos, sem lideranças definidas, com amplas reivindicações, composto por pessoas muitas vezes distantes entre si, mas com demandas sociais e desejos que as aproximam. Além disso, permitiria vislumbrar algumas possibilidades de circulação de informação desvinculadas da cobertura jornalística tradicional.

As experimentações se distanciam da cobertura tradicional e tampouco podem ser classificadas como cobertura colaborativa coletiva, pois foram realizadas por iniciativa individual de um usuário de redes sociais digitais, com pequeno apoio. Por outro lado reúnem características semelhantes a ambas e, talvez, possam encontrar lugar e espaço intermediários ao imprimir um ritmo e uma lógica próprias para um público conhecido, escolhido, em um perfil pessoal e não em um espaço virtual criado especialmente para a divulgação dos eventos. Assim, haveria espaço também para compartilhar um sentimento favorável às manifestações, de indignação com a situação política vigente, que aproxima os usuários a partir de postagens com um tom de ativismo social.

Guiaram essa lógica a tentativa de dar voz aos manifestantes, de testar a confiabilidade dos amigos e do relacionamento nas redes sociais digitais e de verificar se a autocomunicação de massa encontraria eco e respaldo em um grupo de pessoas unidas nessas redes.

Alguns usuários do Facebook, participantes das experimentações, parecem confiar nas informações publicadas por um usuário que produz conteúdo que está em sua lista de amigos. A presença no local dos eventos não seria um fator importante para esse público. A narrativa detalhada, mesmo sem o uso de marcas conversacionais que confirmem a presença do usuário no local dos acontecimentos, levaria o público a inferir que a cobertura estava sendo feita *in loco*. Os usuários se envolvem em uma *mise en scène* que permite uma dinâmica informativa com certo grau de confiabilidade ou com um acordo tácito, de interesse de ambos, na busca por um espaço virtual de diálogo e de troca de ideias e de vivências. Alguns usuários partem do pressuposto que a produtora de conteúdo está no local. Consultei dez amigos que acompanharam as coberturas e perguntei a eles onde estava no momento das postagens das manifestações e da assembleia. Todos responderam que, com certeza, no local dos eventos, comprovando nossa hipótese, pelo menos, por parte dos leitores.

As experimentações remetem a um relacionamento entre amigos de um perfil pessoal em busca de informações diferenciadas, calcadas nas vivências e no olhar cotidiano, algo que extrapole a simples procura por notícia. Seriam conexões em busca de identificação, de manutenção de contato durante a cobertura em tempo real, de meios para estarem juntos, conversarem, trocarem ideias e impressões. Com Castells (2012), penso que esse relacionamento se movimentaria e teria uma dinâmica própria com bases para conectar mentes e criar significados entre o produtor autônomo de conteúdo e os leitores, uma confiança que se estabelece nas redes de indignação e esperança.

Referências

CASTELLS, M. *Communication Power*. Oxford: Oxford University Press, 2009.

CASTELLS, M. *Redes de indignación y esperanza*. Madrid: Alianza, 2012.

CHARAUDEAU, P. *Discurso das mídias*. São Paulo: Contexto, 2007.

DELEUZE, G. *Diferença e repetição*. [Lisboa: Relógio d'Água, 2000. Tradução de Luiz Orlandi e Roberto Machado.] Disponível em: <http://is.gd/DuVyrp>. Acesso em: 5 abr. 2013.

MACHADO, J. A. S. *Movimentos sociais, tecnologias de informação e o ativismo em rede*. Disponível em: <http://is.gd/gx5PxO>. Acesso em: 20 jul. 2013.

PARENTE, A. Enredando o pensamento: redes de transformação e subjetividade. In: PARENTE, A. (Org.). *Tramas da rede: novas dimensões filosóficas, estéticas e políticas de comunicação*. Porto Alegre: Sulina, 2010.

RICOEUR, P. *Tempo e narrativa*. Campinas: Papirus, 1994. v. 1.

THIOLLENT, M. *Metodologia da pesquisa-ação*. 12. ed. São Paulo: Cortez, 2003.

Novas faces do interior
Cidades de Minas Gerais em rede durante os protestos de junho de 2013

João Marcos Veiga

Uma notícia está chegando lá do interior.
Não deu no rádio, no jornal ou na televisão.
Ficar de frente para o mar, de costas pro Brasil,
não vai fazer desse lugar um bom país!
"Notícias do Brasil", Milton Nascimento e
Fernando Brant, 1981

Desde o dia 6 de junho a população brasileira acompanhou pelos noticiários e, sobretudo, pelas redes sociais os protestos em São Paulo, mobilizados inicialmente pelo Movimento Passe Livre. As imagens dos milhares de manifestantes nas ruas causavam um misto de apreensão e motivação em resposta às adesões em massa e aos novos propósitos que ganhavam projeção nos cartazes, num fluxo de críticas às mazelas políticas e sociais do país e à representatividade exercida pelos políticos.

Até o dia 13 de junho, as manifestações já haviam se alastrado para capitais como Rio de Janeiro (RJ), Porto Alegre (RS) e Natal (RN), com dezenas de milhares de pessoas nas ruas em cada uma dessas cidades. Belo Horizonte (MG) organizou o primeiro protesto quatro dias depois. No mesmo 17 de junho, notícias davam conta de mobilizações semelhantes no interior de Minas Gerais – Juiz de Fora, Viçosa, Pouso Alegre, Lavras e Poços de Caldas apoiaram o movimento em diferentes níveis de adesão.

Nos dias seguintes, num movimento de contágio, cunhado na internet como *swarming*,[1] "eventos" no Facebook convocavam a população de municípios de médio porte, como Divinópolis e Uberlândia, e até de lugares com poucos milhares de habitantes, como Manhumirim e Areado, a se juntarem aos manifestantes de todo o Brasil. Em algumas cidades, os protestos ganharam ao longo dos dias contornos semelhantes ao que se viu em capitais, com ocupação de câmaras de vereadores (Juiz de Fora, Pouso Alegre e Divinópolis), fechamento de estradas, ateamento de fogo, confronto com policiais e prisão de manifestantes.[2]

De modo geral, no entanto, testemunhos de participantes e coberturas jornalísticas relatavam o ambiente tranquilo da tomada do espaço público nessas cidades, em clima amistoso, com poucas horas de duração e com acompanhamento solidário de polícias militares – em alguns locais, como Alfenas, manifestantes chegavam a reclamar nas redes sociais do ambiente pacato, que mais pareceria uma "procissão" do que uma "revolta". Por outro lado, o "orgulho" de presenciar cidades que não teriam tradição de reivindicações em massa "acordando" (termo recorrente nos relatos), também foi constantemente acionado por internautas de diversos locais.

Frente a interpretações simplistas que colocam as manifestações presenciadas no interior de Minas Gerais, assim como em outros estados do país, como mero desdobramento e reflexo do que vinha ocorrendo nas capitais, tais acontecimentos necessitam de uma compreensão sob

---

[1] O termo pode ser traduzido, em linguagem coloquial, como "enxamear" ou "bombar".

[2] <http://is.gd/VufTq9>.

a ótica dos movimentos sociais em rede (Castells, 2012), levando em conta o potencial das redes sociais na internet como poderosa ferramenta para canalizar insatisfações, produzir informações de modo socializado numa zona de relativa autonomia e mobilizar ações em massa.

Como analisa Cardoso (2013, p. 83), a comunicação em rede "capacita as pessoas para a organização da política de uma forma que supera os limites de tempo, espaço, identidade e ideologia, resultando na expansão e coordenação de atividades que, possivelmente, não ocorreriam através de outros meios". As manifestações no interior também ocorrem num contexto de expansão do acesso à internet nesses municípios – e no país – nos últimos anos, com a tecnologia e o uso do ciberespaço como rotina tanto para atividades recreativas quanto para consumo e debates (seja nas redes sociais ou em *sites* de notícias das próprias cidades).

Este artigo, nesse sentido, pretende compreender como a articulação da comunicação em rede[3] no interior possibilitou a expansão das manifestações de modo viral em municípios de variados perfis em Minas Gerais, assim como analisar o modo como foram acionados nas redes sociais discursos globais e locais, que por sua vez pautaram e foram pautados por notícias de *sites* nacionais e regionais. O período de pesquisa compreende, principalmente, os protestos ocorridos entre os dias 17 e 30 de junho de 2013, quando se encerrou a Copa das Confederações – evento no contexto da Copa do Mundo a ser realizada no Brasil em

---

[3] Para Cardoso (2013), a comunicação em rede seria o modelo comunicacional "que parece caracterizar as nossas sociedades contemporâneas, é formado pela capacidade de globalização comunicacional, juntamente com a interligação em rede dos meios de comunicação de massa e interpessoais e, consequentemente, pela emergência de mediação em rede sob diferentes padrões de interação".

2014 e que esteve no centro de grande parte das insatisfações levadas às manifestações na rede e nas ruas.

Insatisfações em rede

As novas mídias, como atesta Jenkins (2013), geraram nos últimos anos uma mudança de paradigma na forma como consumimos e nos relacionamos socialmente. O fluxo de conteúdo em diferentes suportes midiáticos culminou, segundo o autor, em um processo de "convergência", alterando a lógica do consumo e produção de notícias, o que implica em transformações tecnológicas, sociais e culturais.

Os novos parâmetros de mediação, com a coexistência de modelos e suportes para variados públicos, estão no centro dessas transformações observadas entre a rede e as ruas, com influência mútua. Partindo de uma comunicação na internet baseada cada vez mais no alto fluxo de imagens e informações, as redes sociais, tais como o Facebook, permitem ao usuário um debate mais plural e aberto, com potencial à participação política e cívica (CARDOSO, 2013).

Articulado num processo de postagens entre amigos e amigos de amigos em regime temporal diferido (WEISBERG, 2004), o Facebook, lançado em 2004 e com 67 milhões de usuários atualmente no Brasil, teve papel decisivo tanto na mobilização dos protestos no país quanto na opinião pública acerca destes. Pesquisa realizada pelo CNT/MDA[4] entre os dias 7 e 10 de julho em 134 municípios brasileiros apontou que o "nível de influência das redes sociais para a formação da opinião pública sobre as manifestações" foi "muito influente" para 79,4% dos entrevistados.

---

[4] <http://is.gd/NVK9fw>.

No centro das transformações das tecnologias digitais, as redes sociais possibilitam, segundo Castells (2012), um espaço de autonomia e um processo de comunicação socializado que altera as construções simbólicas e as relações de poder. Para o autor, é estabelecida uma forma de "contrapoder" em torno de valores alternativos e relações sem travas frente ao poder instituído e à própria mídia tradicional. Para o autor, a "autocomunicação de massas" proporciona a plataforma tecnológica para a construção da autonomia do ator social, seja ele individual ou coletivo, frente às instituições sociais. Por outro lado, não se pode perder de vista que essas novas articulações também se dão em plataformas desenvolvidas e administradas por grandes corporações – o que implica em lógicas comerciais, mas não anula a possibilidade de variadas formas de produção e socialização de informação.

Essa articulação só é possível através de uma tecnologia constituída, assimilada e acessada. O tempo livre permitido pelo desenvolvimento tecnológico tem gerado, como argumenta Shirky (2010), um "excedente cognitivo". Este, como aponta o autor, estaria gerando uma "cultura participativa", visível em mobilizações, cooperações e esforços colaborativos baseados na generosidade.

Mesmo apontando a necessidade de se repensar os conceitos de "movimentos sociais" e "protestos" na internet, Gustavo Cardoso (2013) abaliza como inegável a rearticulação do fomento de ações sociais e políticas através do ciberespaço. "O argumento que aqui podemos deixar é o de que os apoios a causas nas redes sociais possuem características de relações de conflito, redes de menor ou maior integração entre os envolvidos e a formação de uma identidade coletiva" (CARDOSO, 2013, p. 85). Nesse sentido, é possível identificar a utilização decisiva da internet na difusão de propósitos, em debates, intervenções e campanhas virtuais mobilizadas por organizações (com lastro ou não no mundo *offline*) e usuários independentes num período de mais de dez anos.

A primeira grande movimentação feita pela internet ocorreu em Seattle (EUA) em 1999, contra o encontro da Organização Mundial do Comércio (OMC), que acabou sendo cancelado devido aos protestos, que criticavam políticas neoliberais, e que na sequência se espalharam por mais de oitenta cidades em diferentes países. Nas eleições presidenciais americanas de 2008 o Twitter e demais redes sociais também tiveram papel decisivo para a eleição de Barack Obama à Casa Branca.

No Irã, em junho de 2009, a insatisfação contra o resultado fraudulento que dava vitória a Mahmoud Ahmadinejad nas eleições presidenciais, apenas duas horas depois do encerramento das votações, foi propagada na internet e levada às ruas de Teerã – cunhado de Green Movement13, o movimento continuou atuando após o período. No ano seguinte, em Moçambique, mensagens de SMS via celular disseminaram a informação sobre o aumento abusivo pelo governo no preço do pão, dentre outros produtos essenciais. A articulação levou a protestos nas ruas de Maputo e em outros pontos do país, sob repressão das forças policiais.

No entanto, foi no mundo árabe que o uso da internet e de plataformas tecnológicas como meio de mobilização em massa atingiram níveis mais complexos, na forma de movimentos sociais em rede (CASTELLS, 2012). Em dezembro de 2010, um jovem tunisiano teve seu carrinho, com o qual vendia verduras, confiscado pela polícia. Após ser humilhado e agredido por não pagar a taxa exigida para exercer o trabalho, o rapaz ateou fogo no próprio corpo. Pessoas filmaram a cena, que se espalhou rapidamente pelo Youtube, Facebook e Twitter. Uma sucessão de protestos nas semanas seguintes levou à queda, em janeiro de 2011, de

Zine El Abidine Ben Ali, presidente da Tunísia há 23 anos no poder. Como contextualiza Branco Di Fátima (2013), a Revolução de Jasmim, como ficou conhecida, deflagrou uma onda de levantes populares que derrubou em cascata as ditaduras do Egito (fevereiro) e Líbia (outubro), além de se alastrar em manifestações de descontentamento em mais de dez países do mundo árabe.

Posteriormente, o uso das redes como meio de confluir indignações e organizar ações em massa passou a ocorrer para diferentes propósitos e em países com perfis variados – o que não impediu que estratégias utilizadas em um local espelhassem outros. Na Islândia, país com tradição de respeito aos direitos humanos, ao contrário da Tunísia, os protestos tiveram como alvo a crise econômica. Na Espanha, Os Indignados, que passaram a ocupar as principais praças do país a partir de maio de 2011, se voltavam principalmente contra o alto índice de desemprego. A solidariedade e a gestão das ocupações que se viu na Tunísia serviu de modelo ao Occupy Wall Street, que cobrava ações concretas dos políticos contra o colapso do sistema financeiro e imobiliário – simbolicamente o local, em Nova York (EUA), foi apelidado de Tharir Square.

Para Castells (2012), guardando as particularidades de cada caso, as diferentes manifestações deflagradas nos últimos anos são, em geral, espontâneas em sua origem e desencadeadas por uma chama de indignação (que não necessariamente determina o rumo das reivindicações subsequentes). Por estarem conectados em rede de numerosas formas, são locais e globais ao mesmo tempo, atentas a problemas específicos, mas com uma ideia cosmopolita. Como verifica o sociólogo espanhol, as ações naturalmente se convertem em um movimento de ocupar o espaço urbano que, em misto com o ciberespaço, cria um terceiro lugar de autonomia.

Tanto nas ruas quanto nas redes, as manifestações passam a se articular como um conjunto, ainda que não crie uma unidade e lideranças diretas. Segundo Paolo Garbaudo (2012), as redes criam "lideranças leves"[5] ou coreógrafos que estão envolvidos em organizar a situação e construir um espaço emocional dentro das ações coletivas. Assim, o autor acredita que os manifestantes realizam uma "coreografia de conjunto"[6] que facilita e guia as ações através de uma construção simbólica dos protestos.

Há cerca de cinco anos, Jenkins (2008, p. 28) argumentava que "estamos usando esse poder coletivo principalmente para fins recreativos, mas que em breve estaremos aplicando essas habilidades a propósitos mais 'sérios'". No Brasil a força da comunicação em rede ficou visível com as manifestações iniciadas em junho de 2013, às vésperas da Copa das Confederações no Brasil, seguindo caminhos já explorados em diferentes países e contextos.

A chama de indignação que deflagrou os protestos em mais de uma centena de cidades em todo o país[7] foi a insatisfação com o preço das tarifas e a qualidade do transporte público, descortinando, com o avanço das manifestações, críticas mais amplas advindas da crise econômica estrutural e da representatividade exercida pelos políticos, o que também esteve na raiz de levantes em outros países do mundo.

Apesar da maior repercussão dos protestos ocorridos em junho de 2013 em São Paulo, antecedentes foram noticiados, por exemplo, em Natal (RN) no final de 2012, em Porto Alegre (RS) no início de 2013 e em Goiânia (GO) em maio. A partir desse momento, a cobertura jornalística no Brasil teve

---

[5] Tradução livre de *soft leaders*.

[6] Tradução livre de *choreography of assembly*.

[7] <http://is.gd/gfydIe>.

como foco principal os levantes nas capitais, apenas noticiando posteriormente o "avanço" viral pelo interior dos estados, sem dar a dimensão do contexto desses acontecimentos.

Em Minas Gerais a grande parte das notícias sobre manifestações no interior compreende os fatos ocorridos como um alastramento natural vindo das capitais, com construções textuais que corroboram uma suposta dependência dos pequenos municípios à atitude desempenhada nos grandes centros urbanos, como visto no jornal *Estado de Minas* de 17 de junho:[8] "Onda de protestos chega ao interior de Minas Gerais". Por outro lado, o fato de muitas cidades mineiras terem realizado suas primeiras manifestações no mesmo dia que Belo Horizonte coloca em xeque a lógica de um simples contágio capital-interior.

Nos pequenos municípios, os levantes e protestos em massa, que seriam próprios das capitais, foram noticiados como momento atípico de alteração na paisagem urbana no interior, estabelecendo um isolamento que subitamente seria rompido por estímulo externo. Essa concepção deixa escapar, no entanto, o contexto pelo qual passam essas cidades, cuja imagem pacata, de passividade e isolamento, é confrontada pela mudança da paisagem urbana pela especulação imobiliária, pelo aumento dos índices de violência nos últimos anos[9] e principalmente pela transformação nas relações sociais trazida pelo uso de tecnologias, como será abordado neste artigo.

Interior nas redes e nas ruas

As cidades interioranas não romperam a lógica histórica de dependência das capitais (ou de municípios de maior

---

[8] \<http://is.gd/Zrd6S9>.

[9] \<http://is.gd/dFclL3>.

porte que igualmente concentram a oferta de serviços), mas vivenciaram nos últimos anos novas formas de articulação pela internet. O IBGE (Instituto Brasileiro de Geografia e Estatística) verificou um aumento considerável no acesso ao meio digital em cidades do interior. A Pesquisa de Informações Básicas Municipais (Munic),[10] divulgada em 2013, mostra que entre 1999 e 2012 houve um aumento de 250% no número de cidades com provedor de internet (57,4% do total) – na realidade, a porcentagem de acesso pode ser maior, já que muitos lugares desprovidos utilizam o serviço oferecido por empresas de cidades vizinhas.[11] Segundo dados da Teleco,[12] dentre as cidades mineiras, 73,2% (624 municípios) têm acesso à cobertura 3G – o que corresponde a 92% da população do estado.

A pesquisa do IBGE também aponta que 80,4% dos municípios brasileiros possuem *lan house* e 13,3% deles contam com internet Wi-Fi em espaços públicos – são 744 cidades em todo o Brasil e 108 em Minas Gerais, segundo dados da JiWire[13] de junho de 2013. A Teleco afirma, ainda, que o Brasil conta hoje com 94,2 milhões de pessoas conectadas à rede e 5,4 milhões com posse de *smartphones*,[14] o que fez com que em 2012 69% da população tivesse acesso à internet diariamente e 23% pelo menos uma vez por semana.

[10] <http://is.gd/iWMuab>.

[11] <http://is.gd/5SAowU>.

[12] Empresa de consultoria que oferece serviços em inteligência de mercado, nas áreas de telefonia celular, fixa, banda larga e TV por assinatura, entre outros <http://www.teleco.com.br/>.

[13] Única fonte pública disponível para esses dados, segundo a Teleco.

[14] *SmartPhone* ("telefone inteligente") é um telefone celular que possui um sistema operacional e que permite o acesso à internet através de Wi-Fi ou 3G. Os principais sistemas operacionais hoje são: Android (Google), Symbiam (Nokia), iPhone OS (Apple), BlackBerry (RIM), Bada (Samsung) e Windows Phone (Microsoft), de acordo com a Teleco.

Como mostrado pela pesquisa do IBGE, 74,5% das cidades brasileiras possuem *sites* próprios (das prefeituras e/ ou de portais de serviços gerais, como turísticos), um crescimento de 54% entre 2006 e 2012. Apesar da carência de dados específicos, *sites*, portais de notícias e revistas estão cada vez mais presentes em municípios de diferentes portes, o que possibilita a produção de conteúdo jornalístico virtual nas próprias cidades. No período de manifestações no Brasil aqui em discussão, esses espaços realizaram coberturas constantes, enquetes para medir a opinião dos leitores sobre os protestos, abrigaram debates nos campos de comentários e tiveram suas notícias compartilhadas nas redes sociais.

Somados à popularização e barateamento dos aparelhos celulares com acesso à rede, a internet e as redes sociais passam a ser uma ferramenta indissociável no cotidiano de moradores de cidades de variados perfis demográficos no Brasil e em Minas Gerais. Mantendo ou não o ambiente pacato interiorano frente às transformações urbanas das últimas décadas, o fato é que a circulação de conteúdo é uma constante para uma parcela considerável dessa população, que tem no meio virtual uma zona de autonomia para agir individual e coletivamente em diferentes situações.

Como se verá neste artigo, a disponibilidade da tecnologia e de internet (paga ou gratuita) permitiu um fluxo intenso de fotos, vídeos e informações produzidas pelos próprios manifestantes nos protestos de junho de 2013 em cidades de diferentes perfis em Minas Gerais – as comunidades e eventos nas redes sociais possibilitam a verificação de um alto volume de postagens *in loco*.

Desculpe o transtorno, estamos mudando o país

No dia 13 de junho, o Tribunal de Justiça de Minas Gerais (TJMG) proibiu todos os 853 municípios do estado de fazerem manifestações em espaço público durante a Copa das Confederações, alegando que "a interdição de vias urbanas ou frustração de acesso a eventos já programados viola direitos individuais difusos e coletivos da população da capital mineira [...]". A decisão da corte levava em conta o agravamento dos protestos em São Paulo e a iminência de movimento semelhante em Minas, sobretudo em Belo Horizonte.

Apesar de revogada pelo STF seis dias depois, a liminar acabou sendo um dos principais pretextos dos manifestantes para irem às ruas não só na capital, como também no interior, num movimento contra o cerceamento do direito do cidadão de transitar pelas vias da cidade e de expor suas ideias e insatisfações. No dia 17 de junho, cerca de 4 mil pessoas, segundo a Polícia Militar de Minas Gerais, bloquearam as avenidas Rio Branco e Getúlio Vargas em Juiz de Fora, cidade da Zona da Mata e quarta mais populosa do estado. No mesmo dia, 5 mil manifestantes se concentraram no calçadão da região central de Viçosa, protestando principalmente contra os gastos públicos com a Copa do Mundo no Brasil e a baixa qualidade da saúde e da educação em Minas Gerais. Em Barbacena, também na Zona da Mata, o movimento teve início no dia 18 de junho, com mais de 3 mil manifestantes, na maioria jovens, ocupando as ruas da cidade.

Num segundo movimento, a partir do dia 20 de junho, dezenas de municípios mineiros aderiram às manifestações – na região Sul, catorze cidades tiveram suas ruas tomadas nesse dia e somente Uberlândia, no triângulo mineiro, contou com mais de 20 mil manifestantes.[15] Nas comunidades e eventos no Facebook, a linha discursiva

---

[15] <http://is.gd/qZvxLg>.

se concentrava principalmente na redução das passagens de ônibus, em críticas aos custos da realização de eventos esportivos no país e na corrupção da política brasileira. Uma pesquisa realizada pelo Ibope[16] nesse dia de manifestações em todo o Brasil indicou que as principais razões (em primeira menção) para participar do protesto foram "transporte público" (37,6%) e "ambiente político" (29,9%). Mas assim como foi presenciado em todo o país, os cartazes levados à rua passaram a tratar dos mais variados pontos, transitando naturalmente da crítica "séria" à irreverência. Em Lavras, que reuniu cerca de 10 mil pessoas no dia 20, um dos cartazes dizia que "tem tanta coisa errada que não cabe aqui".

A mesma pesquisa do Ibope mostrou que 62% dos presentes tomaram conhecimento dos protestos através do Facebook e que 77% se mobilizaram (convidando amigos, compartilhando informações e debatendo) pela rede social. Em entrevista ao programa Fantástico, exibida na TV Globo no dia 23 de junho,[17] o pesquisador do IGV-RJ Ronaldo Lemos argumentou que o uso do Facebook se refletiu na forma como as manifestações foram levadas às ruas. Como observa o coordenador do Centro de Tecnologia e Sociedade, "o que está acontecendo hoje é a manifestação da forma como as pessoas conversam nas redes sociais. As pessoas vão passando e parece que estamos vendo o fluxo de uma página na internet. Uma hora estão falando sobre diversidade sexual, outra hora sobre reforma política".

A construção das mensagens que surgem de tais movimentos se dá num fluxo contínuo entre redes sociais e ruas, capital e interior, interior e capital. Em Alfenas, sul

---

[16] <http://is.gd/FGj6JU>.
[17] <http://is.gd/911tZN>.

de Minas, cerca de 7,5 mil perfis aderiram no Facebook à "1ª Manifestação em Prol da Redução da Passagem". O texto convocava os insatisfeitos a não deixarem a cidade de fora do movimento que se alastrava pelo país: "Não podemos ficar parados apenas assistindo e demonstrando apoio aos Manifestantes de SP pelo facebook, quando aqui lidamos com as mesmas condições".[18]

No dia 21 de julho, data marcada para o evento, a Polícia Militar estima que 3 mil pessoas tomaram as ruas do município de 75 mil habitantes. Faixas e cartazes traziam uma frase recorrente desde os primeiros protestos em São Paulo: "desculpe o transtorno, estamos mudando o país". Outros cartazes invocavam problemas nacionais, no entanto com atores locais: "Alfetur, respeite minha bike", em referência à empresa que administra o transporte público na cidade.

No segundo e terceiro protestos, respectivamente nos dias 26 e 28 de junho, os manifestantes buscaram ações mais direcionadas contra a empresa. Segundo um dos organizadores, em entrevista à revista Ampla, a Alfetur seria uma das "inimigas da cidade", uma vez que "onera os estudantes e trabalhadores com uma tarifa absurda e injustificável em uma cidade do porte de Alfenas". Segundo a reportagem da revista que circula na cidade e região, 12 ônibus foram bloqueados no dia 26 de junho e 8 no dia 28, no horário de pico (a partir das 17h30).

Em alguns casos, a população foi às ruas para fazer coro a reivindicações que não diziam respeito propriamente a sua cidade, reverberando e rearticulando discursos externos. Em Abaeté, norte de Minas, o transporte coletivo é gratuito, mantido pela prefeitura local, o que não impediu

---

[18] <http://www.facebook.com/events/183155951850288>.

que manifestantes, mesmo que de forma tímida, criticassem as políticas para o setor em nível nacional.

Assim como em outras cidades, a participação de estudantes foi massiva em Alfenas, o que não impediu a presença de pessoas de diferentes faixas etárias e ocupações. Por ser uma cidade universitária,[19] as características e o próprio trajeto das três manifestações ocorridas no mês de junho (21, 25 e 28) refletem esse perfil: os primeiros manifestantes se concentraram em frente ao *campus* da Unifal, na região central. Após percorrem a Praça Getúlio Vargas e se dirigirem à Prefeitura, boa parte dos presentes retornou à universidade – dentre eles vários vestiam jalecos. A segmentação chegou a ser questionada por uma internauta na comunidade que convocou a manifestação: "se o protesto é da cidade, por que estamos indo para a Unifal?".

Em Barbacena, os manifestantes criaram um grupo no Facebook após a primeira manifestação (no dia 18 de junho) para discutir os problemas municipais e organizar as reivindicações. Na descrição do grupo, o organizador se justifica:

> Cansado de ver desorganização e bagunça em nossos protestos e divisão do povo em partidos criei esse grupo para podermos lutar juntos por Barbacena pois a revolução não pode parar! Chamem seus amigos que se importam com nossa cidade! Vamos nos organizar! Vamos nos unir!!! E não dividir!!!![20]

Com protestos de diferentes proporções, as cidades mineiras de pequeno porte não ficaram de fora do período,

---

[19] Alfenas possui duas universidades, a federal Unifal, com 99 anos, e a particular Unifenas, onde estão matriculados igualmente milhares de estudantes de todo o país.

[20] <https://www.facebook.com/VemPraRuaBarbacena>.

que chegou a ser chamado nas redes sociais de "Copa das Manifestações", em referência aos episódios ocorridos durante a realização da Copa das Confederações no Brasil. Em Andradas, município de 39 mil habitantes, 40 jovens se reuniram na Praça Central, por volta de 17h30 do dia 17 de junho, e seguiram até a Praça 22 de fevereiro, onde fica a Prefeitura Municipal, encerrando o protesto às 20h, com cerca de 2h30 de duração.

As sedes das administrações municipais foram o principal ponto simbólico para onde a maioria das manifestações rumou nas cidades do interior. Nas redes sociais foram amplamente compartilhadas fotos de manifestantes nos primeiros protestos em São Paulo com cartazes em que se lia "saímos do Facebook". Num processo de contaminação de rua – redes sociais – rua, a frase foi reproduzida em outras capitais e cidades do interior.

A ocupação de ruas e edifícios simbólicos sempre teve um papel destacado na história das mudanças sociais, segundo Castells (2012). Nos últimos anos, esse movimento de ir além do espaço da internet seria, para o autor, uma "forma de ficar visível onde se desenrola a vida social". A tomada do espaço público no interior, em cidades de pequeno porte, aparece também como um momento que rompe a suposta calmaria que caracteriza esses lugarejos – ao contrário das capitais, onde, apesar do caráter atípico da população nas ruas, as manifestações quebram o fluxo intenso de carros e da poluição sonora decorrente.

Em alguns casos, no entanto, a tomada de edifícios simbólicos foi mais intensa para além dos grandes centros urbanos. Entre os dias 27 e 28 de junho, dezenas de pessoas ocuparam por cerca de 20 horas a Câmara Municipal de Juiz de Fora. No mês de julho, a Câmara dos Vereadores também foi ocupada, dessa vez por uma semana, em Divinópolis (1º a 8 de julho) e Lavras (10 a 17 de julho). Em todos os casos, os ocupantes só deixaram o local após negociações para redução da tarifa de ônibus, dentre outras pautas.

Em Pouso Alegre, com população estimada de 130 mil habitantes, as manifestações foram intensas ao longo do mês de julho, com a tomada das ruas, ocupação da Câmara dos Vereadores (a partir de 9 de julho) e fechamento de estradas estaduais (11 de julho). Nessa cidade, assim como na capital (onde a tomada da Câmara se estendeu do dia 29 de junho a 7 de julho), após deixarem o edifício os manifestantes organizaram ocupações simbólicas de espaços da cidade, como praças e viadutos, imprimindo um pronunciado viés social e cultural em suas ações.[21]

Para Castells (2012, p. 28), "ocupar o espaço público é de certa forma recuperar a cidade perdida", onde em muitos casos parte significativa da população foi expulsa pela especulação imobiliária – que exerce um controle do espaço que leva ao controle da vida das pessoas. Em texto escrito em 2008 e publicado na edição de junho da revista *Piauí*,[22] o geógrafo David Harvey recupera os pensamentos do filósofo Henri Lefebvre no livro *A revolução urbana* para traçar um histórico da ligação entre o capital especulativo imobiliário e às reformas urbanas que colocam a cidade à serviço de valores outros que não aqueles ligados aos anseios dos moradores.

> Um passo para a unificação dessas lutas é adotar o direito à cidade, com slogan e como ideal político, precisamente porque ele levanta a questão de quem comanda a relação entre a urbanização e o sistema econômico. A democratização desse direito e a construção de um amplo movimento social para fazer valer

---

[21] <http://is.gd/YFk90w>.
[22] <http://is.gd/SytH2B>.

a sua vontade são imperativas para que os despossuídos possam retomar o controle que por tanto tempo lhes foi negado e instituir novas formas de urbanização. Lefebvre estava certo ao insistir em que a revolução tem que ser urbana, no sentido mais amplo do termo; do contrário, não será nada (HARVEY, 2013, p. 43).

No dia 25 de junho, cerca de mil pessoas foram às ruas de Maria da Fé reivindicando mais investimentos em saúde e limpeza urbana no município de 14 mil habitantes. No mês seguinte, o prefeito Adilson Santos baixou um decreto proibindo manifestações em oito ruas da cidade, nas imediações da praça que receberia no dia 6 de julho a programação do Festival de Inverno de Maria da Fé. Em matéria à TV Globo,[23] os moradores se queixaram do cerceamento do "direito de se manifestar, como está acontecendo em todo o país". A resposta dada pelo prefeito foi que as manifestações não poderiam atrapalhar o evento, e segundo um *designer* envolvido na festa e entrevistado pela reportagem, os protestos "poderiam ser em outro dia, mas não no dia em que precisamos do evento para vender Maria da Fé".

Dezenas de *posts* nas redes sociais defendiam as manifestações como forma de se criar novas alternativas ao futuro dessas cidades. Em Manga, no Vale do São Francisco, o protesto de poucas dezenas de pessoas se concentrou em frente ao hospital da cidade e nas sedes da Prefeitura e da Promotoria de Justiça. A comunicação multimodal no interior, com a troca de informações através de redes sociais, portais de notícias, TV e rádio, dentre outros, também atestava em relatos recorrentes no período o orgulho dos moradores de presenciar a cidade natal aderir a

[23] <http://is.gd/RWl4ZA>.

um movimento nacional de iniciativa popular. No espaço de comentários de internautas para uma matéria sobre o ocorrido em Manga,[24] no dia 24 de junho, uma das leitoras deixou registrado: "Amo Manga, minha cidade natal, linda e de pessoas humildes. Sei que com o povo unido Manga vai pra frente".

Manhumirim, município do leste mineiro com pouco mais de 20 mil habitantes, realizou seu primeiro protesto no dia 20 de junho. No mesmo dia, o evento no Facebook que convocou a passeata contava com relatos, vídeos e fotos de cartazes com frases como "A cidade é muito pequena para tanto problema", além de comentários que enalteciam a atitude dos conterrâneos: "parabéns povo de Manhumirim! Isso é ser brasileiro, isso é ser manhumiriense, força e garra sempre". Em outro comentário, uma jovem posicionava a cidade frente ao que vinha ocorrendo de norte a sul do país: "vamos mostrar ao País que nós manhumirienses estamos lutando pelos nossos direitos".

No dia 22 de julho, uma internauta fez a seguinte postagem no grupo do Facebook Manifestação Contra a Tarifa de ônibus em Lavras: "Quer ficar por dentro das ações sociais, dos movimentos que vem acontecendo na cidade? Então segue a página para melhor comunicação com vocês". O *post* trazia o *link* para a página Sociedade Independente Lavras,[25] na própria rede social. Nesse espaço, é possível verificar o compartilhamento de notícias de portais de capitais e da própria cidade, como o *Jornal de Lavras*, que assim como veículos locais de diversos outros municípios do interior fez coberturas *in loco*, com material compartilhado nas redes sociais diariamente, além de

---

24 <http://is.gd/uevcm3>.
25 <http://is.gd/0QFzuJ>.

abrigar debates entre conterrâneos no espaço destinado aos comentários para as notícias.

Como propõe Raquel Recuero (2011), o compartilhamento de notícias nas redes sociais está articulado a um "capital cognitivo", com vistas à informação e ao conhecimento. Mas, como apontado por Cardoso (2013), num contexto de "apoio a causas", esses compartilhamentos também estão ligados à "expressão identitária" e à "intervenção social".

É possível notar a polifonia das ruas captada e ressignificada pelo hibridismo de mídias a partir da crescente presença de portais em cidades do interior e da própria produção socializada e compartilhamento de conteúdo pelas redes sociais. Como foi verificado em diferentes cidades de Minas Gerais, a postagem de notícias de veículos externos sobre acontecimentos nacionais servia, sobretudo, de motivação ao debate e às ações locais, enquanto o compartilhamento de notícias de portais regionais atestava, em geral, o nível de mobilização dos protestos junto aos conterrâneos.

No dia 26 de junho, cerca de cinquenta pessoas se reuniram em Areado, sul de Minas. No entanto, segundo um dos organizadores do evento mobilizado pelo Facebook, o baixo número de adeptos é relativo – colocado em proporção à população da cidade de 13 mil habitantes, seria "equivalente ao número de manifestantes em algumas cidades de médio e grande portes". Mais do que isso, o texto postado no mesmo dia por Leonardo Miranda ressalta conquistas concretas, já que "os jovens de Areado foram recebidos pelo Prefeito e vice-Prefeito, que estenderam o expediente para ouvir as reivindicações". O relato prossegue pontuando os próximos passos, que serão dados com "a criação de uma comissão horizontal para estipular estratégias mais específicas e fundamentadas" e o estímulo ao comparecimento à Câmara dos Vereadores, utilizando a Tribuna Livre para "se expressar na casa do povo e exercer nosso dever como cidadão".

Acompanhado por uma foto do protesto, o texto postado poucas horas após o fim da manifestação explica que o objetivo da mobilização organizada "ao lado do "primo, amigo e colega de profissão Nilson Junior" foi inspirar os jovens da cidade, que corresponderam às expectativas formando o Movimento Biscoiteiro.[26]

> No meu ponto de vista, a manifestação atingiu um objetivo mais do que nobre: mostrou que até em cidades pequenas as pessoas estão dispostas a se organizar, sair nas ruas e exigir explicações e seus direitos. A Manifestação do Biscoito mostrou que o povo de Areado está evoluindo! Eu espero, com muita fé na juventude areadense, que o Movimento dos Biscoiteiros continue e ecoe pelas gerações futuras como uma organização popular cada vez mais articulada, conscientizando e capaz de reunir sempre mais interessados (Leonardo Miranda, organizador da 1ª Manifestação de Areado-MG).

As bandeiras do passe livre e da redução de tarifas de ônibus, que pautaram inicialmente os protestos em São Paulo, misturam-se a uma infinidade de outras reivindicações. Nesse mesmo passo, a tomada das ruas passou a contar cada vez com mais milhares de pessoas e com a incorporação de diferentes grupos e interesses. Redes sociais, jornais e *sites* atentavam para a apropriação do movimento ora por fascistas e policiais infiltrados, ora por anarquistas e criminosos. Apesar de esforços, a dificuldade de compreensão frente

---

[26] Areado, cidade localizada no sul de Minas Gerais, possui um tradição centenária na fabricação de biscoitos, o que fez com que os moradores em geral fossem conhecidos como "biscoiteiros".

ao que se passava era grande tanto por parte da imprensa tradicional quanto em variadas frentes nos meios virtuais. Os ocorridos de junho e julho, no entanto, atestam que novas articulações foram presenciadas a partir das redes sociais, com reflexos diretos no modo como lidamos com as cidades nas quais vivemos.

Considerações finais

A onda de protestos presenciada em todo o Brasil a partir do mês de junho de 2013 evidenciou o potencial das redes sociais para a articulação de um contrapoder (CASTELLS, 2012). De uso comum diário para milhões de brasileiros, o Facebook se mostrou como ferramenta propícia não só para o compartilhamento de notícias e depoimentos que davam conta das insatisfações políticas e sociais do país, mas também para uma comunicação em rede (CARDOSO, 2013) que possibilitou mobilizações em massa e a tomada das ruas por milhares de pessoas em centenas de cidades de norte a sul do país.

Fato essencial para a compreensão desses movimentos foi a adesão de cidades do interior em todo o país, sejam elas polos econômicos e educacionais de grande e médio portes ou pequenos vilarejos. Num histórico de expansão do acesso às tecnologias e à internet nas regiões interioranas, mesmo que de modo descontínuo e evidenciando desigualdades econômicas e sociais, a dependência desses municípios frente às capitais passa a ser relativizada com a comunicação em rede, que canaliza anseios e promove ações em pontos geograficamente distantes.

Apesar das grandes mobilizações nas capitais terem monopolizado as notícias nos meios de comunicação tradicionais, que posteriormente informavam apenas o contágio "chegando" ao interior, o que se percebe, como mostrado neste artigo, é uma articulação mais complexa que revela mais uma autonomia possibilitada pelo meio virtual do que uma dependência de agenciamento externo. Ao invés de um processo unidirecional, a relação capital-interior adquire um viés de influência mútua e dinâmica.

A população de cidades do interior tomou as ruas em diferentes níveis de adesão – em muitos casos com proporção por habitante superior ao ocorrido nas capitais –, alcançando objetivos concretos e simbólicos, com manifestantes recebidos por prefeitos e redução do valor das passagens de transporte público em dezenas de municípios – Alfenas reduziu o valor cobrado em 11% (R$ 2,25 para R$ 2), enquanto em Belo Horizonte o corte foi de 7% (R$ 2,80 para R$ 2,60).

O presente artigo teve como recorte temporal o mês de junho de 2013, porém as manifestações tiveram prosseguimento com importantes ações em todo o estado nas semanas seguintes. Assim como em outros pontos do país, os protestos passaram a reunir menor número de adeptos, no entanto com ações contínuas e organizadas para ocorrer simultaneamente em diversas cidades – no Dia Nacional de Lutas e Paralisações, marcado para 11 de julho, ocorreram interdições de estradas em Divinópolis, Pouso Alegre, Ipatinga e Governador Valares, protestos e ocupação de órgãos públicos em Montes Claros e paralisação de funcionários de bancos e Correios em Juiz de Fora. Do mesmo modo como se via desde o mês de junho, as ações também abraçaram propósitos diversos – em Alfenas, estudantes da Unifal ocuparam a reitoria da universidade federal entre os dias 24 e 30 de julho em protesto contra os pedidos de assistência estudantil indeferidos pela instituição.

Na música "Notícias do Brasil", de autoria de Milton Nascimento e Fernando Brant e lançada em 1981, os versos falam de uma notícia que vem chegando lá do interior e que não teria sido dada "no rádio, no jornal, ou na televisão", por serem mídias que ficam "de frente para o mar e de costas para o Brasil". A emergência de um período marcado por protestos descentralizados que têm na comunicação em rede e na produção socializada e híbrida de conteúdo seus pilares pode mostrar novos caminhos "para fazer desse lugar um bom país".

Referências

ANDERSON, C. *A cauda longa*. Disponível em: <http://is.gd/Npghva>. Acesso em: 1 jul. 2013.

CARDOSO, G.; LAMY, C. Redes sociais: comunicação e mudança. *JANUS.NET e-journal of International Relations*, v. 2, n. 1, p. 73-96, 2011. Disponível em: <http://is.gd/6lu2aj>. Acesso em: 1 jul. 2013.

CASTELLS, Manuel. *Redes de indignación y esperanza*. Madrid: Alianza, 2012.

DI FÁTIMA, Branco. *Revolução de Jasmim: a comunicação em rede nos levantes populares da Tunísia*. Disponível em: <http://is.gd/xIW76E>. Acesso em: 1 jul. 2013.

GERBAUDO, P. *Tweets and the Streets: Social Media and Contemporary Activism*. London: Pluto, 2012.

HARVEY, D. O direito à cidade. *Piauí*, jul. 2013. Disponível em: <http://is.gd/SytH2B>. Acesso em: 1 jul. 2013.

JENKINS, H. *Cultura da convergência*. São Paulo: Aleph, 2008.

SHIRKY, C. *A cultura da participação: criatividade e generosidade no mundo conectado*. Rio de Janeiro: Zahar, 2010.

WEISSBERG, J.-L. Paradoxos da teleinformática. In: PARENTE, A. (Org.). *Tramas da rede: novas dimensões filosóficas, estéticas e políticas de comunicação*. Porto Alegre: Sulina, 2010. p. 113-141.

Fios de política que tecem redes
A web e os intelectuais hoje

Valdeci da Silva Cunha

O presente artigo tem como objetivo levantar e analisar a produção textual de alguns intelectuais que possuem *blogs* na internet e se posicionaram em relação às últimas manifestações nas ruas ocorridas no Brasil em finais de junho e começo de julho de 2013. A escolha se deu a partir de critério de seleção que privilegiou nomes que possuem certo prestígio social, devido às suas atuações nas esferas acadêmica, política, partidária, cultural ou religiosa. Não foi nossa pretensão esgotar o tema, fazendo um levantamento exaustivo do assunto e analisando várias páginas que, de alguma forma, expressaram alguma opinião, ou publicaram matérias ou textos sobre os eventos, ou mesmo estabeleceram algum diálogo com as manifestações ocorridas nas várias cidades brasileiras.

A atuação dos intelectuais se dá, pode-se afirmar de uma forma geral, de várias formas e se inscreve em diferentes lugares, constituindo-se a partir de, e em conexão com, redes de saberes e de sociabilidades. Se ainda, em grande medida, é afirmado um certo "silêncio dos intelectuais" (NOVAES, 2006) na contemporaneidade ou que suas atuações se encontram centradas, quase exclusivamente, nos âmbitos da universidade, da academia ou de ONGs (Carvalho, 2007, p. 18.) ou mesmo que o opinar desses intelectuais não passaria de "conversa fiada" (Flusser *apud* Ávila, 2010), perceber suas várias atuações pela *web*, em um formato relativamente diferente dos convencionais jornais, revistas, rádio e televisão, tradicionalmente explorados como mídias de propagação de pontos de vista e direcionado à formação de opiniões, é o interesse maior do nosso estudo preliminar.

Inseridos nas principais discussões que marcaram o desenrolar da modernidade e atentos aos seus principais temas e desafios, esses intelectuais sempre demarcaram posições, estabeleceram alianças, manifestaram-se tanto pela escrita quanto pela palavra pública, enfim, assumiram os vários riscos colocados no convívio com sua geração e momento histórico.

Por vezes definidos ou autorreferenciados como intelectuais "engajados", "militantes", "críticos", "revolucionários", "modernos", "passadistas", "conservadores", "autoritários", dentre outras possibilidades de classificação, esses homens e mulheres traçaram projetos, atuaram no presente em constante diálogo com o passado e com olhos voltados para o futuro. Por vezes imbuídos, ou mesmo reivindicando para si, o lugar e função de "guias", "arautos" do mundo social, esses personagens conferiram às suas leituras e releituras do passado/presente/futuro de uma dada realidade social, política ou cultural uma dimensão que se pode chamar, *grosso modo*, histórica.

Os últimos trinta anos foram marcados, de uma forma geral, pelo aparecimento de expressivas obras de fôlego a respeito dos intelectuais brasileiros. Um rápido balanço por essa já extensa bibliografia nos dá um quadro bastante amplo e diverso dos estudos feitos sobre os temas que, de alguma forma, dialogam com o que consideramos ser uma cultura intelectual brasileira. Aliás, uma prova disso pode ser percebida em encontros e simpósios que têm os intelectuais e suas atuações como objeto central de discussão.[1] Para Sérgio Miceli, esse volume de estudos se configuraria em uma "nova frente de estudos e pesquisas" em um terreno que pode ser considerado de disputa pela História, Sociologia, Antropologia e Teoria da Literatura, para ficarmos apenas com as mais expressivas. Nesse sentido, em "Intelectuais brasileiros", texto incluído no segundo dos três volumes intitulados *O que ler na ciência social brasileira (1970-1995)*, sob iniciativa da ANPOCS (Associação Nacional de Pós-Graduação e Pesquisa em Ciências Sociais), Miceli salienta a importância de se

> [...] recuperar as linhas de força dessa nova frente de estudos e pesquisas pelo confronto dos argumentos esboçados naqueles trabalhos que mais contribuíram para moldar o espaço de debates e explicações, salientando ora a morfologia e a composição interna do campo intelectual, suas instituições e organizações, o peso relativo da categoria dos intelectuais no interior

---

[1] A partir da iniciativa discente, que teve como principal objetivo promover um diálogo aberto e democrático entre os alunos de pós-graduação e de graduação em História e áreas afins, realizou-se, nos dias 5, 6, 7 e 8 de junho de 2013, o II Encontro de Pesquisa em História da UFMG (EPHIS), em que tive a oportunidade de organizar e coordenar, junto a Cleber Araújo Cabral (doutorando em Estudos Literários da FALE/UFMG) e Thiago Lenine Tolentino (doutorando em História da FAFICH/UFMG), o simpósio temático Cultura Intelectual Moderna Brasileira. As mesas temáticas contaram com cerca de trinta trabalhos de estudantes de graduação e pós-graduação. Entre os trabalhos apresentados, achamos importante salientar, foi perceptível a ausência de pesquisas que tivessem as manifestações artísticas como tema de análise sobre a atuação intelectual. Na ocasião, apresentei um trabalho sobre as recepções críticas, na década de 1960, da produção intelectual do escritor Oswald de Andrade.

dos grupos dirigentes, ora preferindo esquadrinhar as modalidades de sua contribuição para o trabalho cultural e político (MICELI, 1999, p. 109).

Sem desconsiderar a importância de sua análise sobre os trabalhos mais expressivos publicados no Brasil sobre tema, é evidente a ausência de referência ou menção a pesquisas que tematizem os intelectuais tendo como objeto de análise os seus outros lugares de atuação, fora do formato livro, artigo ou ensaio, ou seja, para além do resultado de pesquisas acadêmicas, circunscritas dentro desse universo de produção.[2] Em Daniel Pecáut, no seu livro *Os intelectuais e a política no Brasil: entre o povo e a nação*, encontramos, nas palavras do próprio autor, considerações dessa ordem, em uma generalização que sugere que os percursos dos intelectuais brasileiros passam, necessariamente, pelo contato, de alguma forma, com as instituições de ensino formal – talvez por isso o grande interesse, em sua pesquisa, pelos expoentes do ISEB (Instituto Superior de Estudos Brasileiros), o que, nas palavras de Miceli (2002, p. 110), conferiram aos resultados de seu estudo argumentos "doutrinários-politicistas".

É comum distinguir diversos tipos de intelectuais. Raymond Aron, por exemplo, menciona *os escribas, os peritos e os letrados* (ARON, 1955). Edward Shils, *os produtores, os*

---

[2] Algo parecido pode ser percebido no artigo "Antonio Candido indica 10 livros para conhecer o Brasil", publicado na revista *Teoria e Debate*, de 30 de setembro de 2000, e veiculado pela revista *Forum* em 17 de maio de 2013. Nele, verificamos a ausência de qualquer menção a livros que tratem, de alguma forma, do tema das artes plásticas, cinema, música, teatro, de intelectuais que operaram nesses (ou em relação a esses) campos de produção cultural. Para Candido, clássicos do pensamento social como, por exemplo, *Casa Grande & Senzala* (1933), de Gilberto Freyre, *Raízes do Brasil* (1936), de Sérgio Buarque de Holanda, *Formação do Brasil Contemporâneo* (1942), de Caio Prado Júnior ou a *Revolução burguesa no Brasil* (1974), de Florestan Fernandes seriam as leituras exemplares para se ter um panorama da cultura intelectual brasileira.

intérpretes e os comunicadores (SHILS, 1972). Essas classificações não se aplicam ao Brasil. Todos os intelectuais brasileiros mantêm laços com as "ciências sociais": a "sociologia" na década de 30, e uma mistura de sociologia e economia nos anos 60 e 70. Pois as "ciências sociais", nada mais são do que o discurso que o Brasil faz sobre si mesmo e o indicador da posição que o intelectual ocupa no processo de constituição da nação brasileira (PECÁUT, 1990, p. 7, grifos do original).

De uma forma arbitrária, e sem nenhuma outra indicação empírica que conformaria o seu argumento, Pecáut ainda justifica o não tratamento de outras fontes – "literatura, cinema, pintura" – ancorado na opinião de que "[...] os que se dedicam a ela [criação artística] são, no Brasil, intelectuais que associam intimamente a sua obra à preocupação de se colocar a serviço da construção política do país". A proximidade entre os termos "cultura" e "política", "tanto nos anos 30 quanto nos anos 50, está aí para demonstrá-lo". Em seu julgamento eletivo, essa seria uma razão suficiente para "poucas vezes mencionamos a criação artística" em estudos dessa natureza (PECÁUT, 1990, p. 11).

Escritos entre o final da década de 1980 e começo de 90,[3] esses dois trabalhos nos são importantes por conformarem duas metodologias de pesquisa e por serem de pesquisadores com trabalhos consagrados no campo da pesquisa sobre a história dos intelectuais e das instituições de poder no Brasil. Mas, não obstante, verifica-se a necessidade de pensarmos em outras possibilidades de apreensão da atuação desses intelectuais. Nesse sentido, acreditamos que a pesquisa com a prática blogueira se apresenta como um desafio e um campo em aberto para esse trabalho, tanto empírico quanto teórico.

---

[3] O livro de Daniel Pecáut é de 1989, e o artigo de Sérgio Miceli, de 1995.

Ao considerarmos outros possíveis lugares e formas de atuação de intelectuais, para os fins deste texto *blogs* pessoais na *web*, o artigo "Temas sobre a organização dos intelectuais no Brasil", de autoria de Maria Alice de Carvalho, nos traz a caracterização de três "eras" organizacionais distintas,

> [...] delineadas a partir da forma predominante de institucionalização do ambiente intelectual no Brasil – o que significa dizer que, embora Academias, Universidade e ONGs não esgotem as possibilidades de organização da inteligência nos últimos dois séculos, são elas as instituições que, cada uma a seu tempo, vêm fornecendo parâmetros para o exercício da atividade intelectual e a inscrição social de seus praticantes [...] (CARVALHO, 2007, p. 18).

Mesmo com a sua ampliação, ao abranger também ONGs, do escopo de sua pesquisa, a autora não deu nenhum destaque para a atuação dos intelectuais no âmbito da internet, em suas mais diversas possibilidades.[4]

Intelectuais em/na rede

Leonardo Sakamoto: a virtualidade, o real

Leonardo Sakamoto, em texto publicado dia 21 de junho e intitulado "E, em São Paulo, o Facebook e o Twitter foram às ruas. Literalmente",[5] argumentou, a partir de uma constatação acompanhada pelas redes sociais Facebook e Twitter, assim como a partir de seu envolvimento nas

---

[4] Sabemos que não raro temos exemplos de blogueiros que atuam concomitantemente em blogs, em redes sociais como o Facebook, Twitter, Google+, entre outros, construindo um espectro de inserção no mundo virtual que foge aos interesses, nesse momento, deste texto.

[5] <http://bit.ly/14NTIpR>.

manifestações de São Paulo, que apesar dos "atos contra o aumento nas tarifas dos ônibus" serem os responsáveis por levar "centenas de milhares às ruas, que defendiam a ideia e discordavam da violência com a qual manifestantes e jornalistas haviam sido espancados e presos pela Polícia Militar", essa massa foi marcada pela heterogeneidade.

Noticiadas por vários canais de informação midiática, as manifestações tiveram início no dia 6 de junho na cidade de São Paulo, com protestos mobilizados, inicialmente, pelo Movimento Passe Livre.

Segundo Sakamoto, "a manifestação de segunda [dia 17], gigantesca, acabou por mudar o perfil dos que estavam protestando em favor da tarifa. O chamado feito pelas redes sociais trouxe as próprias redes sociais para a rua". Entretanto, essa constatação esconderia um dado preocupante. Para o blogueiro, "nem todos os que foram às ruas são exatamente progressistas".

Usada de forma estratégica, essa constatação trouxe junto o diagnóstico de que, "aliás, o Brasil é bem conservador – da 'elite branca' paulistana à chamada 'nova classe média' que ascendeu socialmente tendo como referências símbolos de consumo (e a ausência deles como depressão)".

> É uma população com 93% a favor da redução da maioridade penal. Que acha que a mulher não é dona de seu corpo. Que é contra o casamento gay. Que tem nojo dos imigrantes pobres da América do Sul. Que apoia o genocídio de jovens negros e pobres nas periferias das grandes cidades. Ou seja, não é porque centenas de milhares foram às ruas por uma pauta justa que a realidade mudou e vivemos agora em uma comunidade de Ursinhos Carinhosos.

Marcado por uma escrita direta, Sakamoto, armado com um tom de denúncia sobre as formas de oportunismo dessa "massa fascista", esse "pessoal dodói da ultradireita", situou o ponto central de seu argumento na percepção de que esses grupos, nada uniformes em seus posicionamentos ou em suas posturas, passaram a se sentir cada vez mais "à vontade para agir em público exatamente da mesma forma que já fazia nas áreas de comentários de *blogs* e nas redes sociais, mas sob o anonimato". Essa atitude desdobrou-se, principalmente, em ataques verbais e físicos aos militantes de partidos e sindicalistas que participaram das manifestações. "Elas não entendem que a livre associação em partidos e a livre expressão são direitos humanos e que negá-los é equivalente a um policial militar dar um golpe de cassetete em um manifestante pacífico", afirmou Sakamoto.

Ao contrastar que "não temos uma prática de debate político público como em outros lugares", tanto no que diz respeito às passeatas conservadoras quanto às reacionárias extremistas, o autor chama a atenção para a necessidade de uma educação política que passe pela decência, "coisa que, nas redes sociais, já provaram que são incapazes de fazer".

Em seu prognóstico,

> [...] o fato é que há um déficit de democracia participativa que vai ter que ser resolvido. Só votar e esperar quatro anos não adianta mais. Uma reforma política, que inclua ferramentas de participação popular, pode ser a saída. Lembrando que aumentar a democracia participativa não é governar por plebiscito – num país como o nosso, isso significaria que os direitos das minorias seriam esmagados feito biscoito. Como deu para ver em alguns momentos, nesta quinta, na avenida Paulista.

Altamiro Borges: conversa fiada e repressão

Altamiro Borges, em texto intitulado "Repressão em BH e bravatas de Aécio",[6] publicado no dia 17 de junho no

---

[6] <http://bit.ly/19evWV9>.

Blog do Miro — uma trincheira na luta contra a ditadura midiática, usou de seu espaço na blogosfera para fazer uma denúncia que envolveu o governador Antônio Anastasia (PSDB-MG) e "seu tutor, Aécio Neves".

Segundo Miro, como assina em seu *blog*, "pelo Facebook, o cambaleante presidenciável tucano [Aécio Neves] tentou se aproveitar dos protestos contra o aumento das tarifas para fazer demagogia. Famoso por sua truculência, ele elogiou os manifestantes". Na ocasião, ele teria afirmado que "são brasileiros que enviam um recado à sociedade, em especial, aos governantes, e que precisam ser escutados". "Na sequência", continuou o blogueiro, "a PM tucana de Minas Gerais reprimiu com violência o protesto no centro de Belo Horizonte". Em tom de *blague,* Miro afirmou que essa tentativa de Aécio, ao se apropriar das reivindicações nas ruas de Belo Horizonte, e também em cidades do interior de Minas Gerais, como foi abordado em um texto desse mesmo livro, o teria deixado "pendurado na brocha".

Usando como ferramenta o mesmo recurso que foi utilizado pelo Senador Aécio, a internet, Miro acrescentou que,

> Segundo reportagem do UOL, "cerca de 15 mil manifestantes que marchavam em direção ao Mineirão, em Belo Horizonte, no fim da tarde desta segunda-feira, foram parados em um bloqueio da Polícia Militar na avenida Presidente Antônio Carlos, a cerca de 200 metros da entrada da UFMG (Universidade Federal de MG)". A PM disparou balas de borracha e lançou bombas de gás. Pelo menos um ativista foi preso.

Em um tom de denúncia e com intenções de desautorizar o uso político-eleitoreiro do "cambaleante presidenciável", o blogueiro ainda afirmou que

> [...] em outro ponto da capital mineira, "homens da PM chegaram por trás e jogaram bombas de efeito

moral. O grupo se dispersou e a polícia alvejou os manifestantes com balas de borracha a curta distância – um a cinco metros de distância. O estudante de geografia Gabriel Teles, 19, estava sentado no chão com uma faixa de protesto contra o aumento da tarifa e foi agredido por golpes de cassetete. Um grupo de moradores de um prédio saiu pela janela e começou a gritar palavras de ordem contra a PM, classificada como "covarde".

Miro atacou rispidamente, em seu *blog* marcado por um forte direcionamento político – e também antipsdbista – as apropriações "demagógicas" e políticas dos eventos em andamento em Belo Horizonte feitas por Aécio Neves, dando a seu texto um tom pessoal, uma resposta do blogueiro às pretensões daquele político.

Os professores de Minas Gerais e os trabalhadores de outras categorias, que já apanharam muita da polícia tucana do estado, já conhecem a conversa fiada do cambaleante presidenciável tucano. Ela tenta se travestir de democrata, mas não tolera qualquer protesto social. Aécio Neves também adora bravatear em defesa da liberdade de expressão, mas controla como um ditador a mídia local. Ele deveria avisar o seu filhote no governo estadual antes de escrever bravatas pelo Facebook.

Simon Schwartzman: as imperfeições do mundo real

Simon Schwartzman, publicando um texto em seu *blog* pessoal intitulado "Três comentários sobre o povo nas ruas",[7] no dia 19 de junho, optou por, em uma estratégia argumentativa inusitada dentro do corpo textual escolhido para essa análise, recorrer a três outros textos publicados na

---

[7] <http://bit.ly/1bZHBqk>.

web, que, segundo ele, expressavam o seu "entendimento" do que estava ocorrendo nas ruas das principais cidades brasileiras.

O primeiro foi da economista Eliana Cardoso, ao dizer que, se Brasília quiser mesmo responder às demandas populares, poderia começar cortando imediatamente para vinte os quarenta ministérios de hoje existem, e reduzir em 10% os salários e benefícios dos nossos "representantes". O segundo foi do prefeito de São Paulo, Fernando Haddad, afirmando que o voto das ruas não pode prevalecer sobre o voto das urnas. E o terceiro foi de Bolívar Lamounier, ao descrever o romantismo que parece prevalecer no que tem sido dito por muitos que se apresentam para falar em nomes dos manifestantes.[8]

Ao basear-se no texto da economista, com marcas neoliberais evidentes, argumenta, a partir da imagem de um "grande fosso que hoje separa grande parte da população, sobretudo nos grandes centros urbanos", que sofreriam diretamente os efeitos de uma inflação crescente e de um serviço público de baixa qualidade. Eles seriam o que "não se beneficia diretamente dos programas sociais do governo e vê com desgosto o mercado persa em que transformou grande parte da política brasileira, em que os políticos negociam abertamente votos e apoios por cargos". Nesse cenário, estaríamos imersos em um mar de corrupção e impunidade.

Sobre as manifestações nas ruas do Brasil, especificamente no Rio de Janeiro, ao ver "horrorizado, pela TV, como tentavam incendiar a Assembleia Legislativa do Rio

---

[8] Em seu *blog* o texto que estava com as menções aos autores Eliana Cardoso e Bolívar Lamounier contém *links* para os textos usados por Simon Schwartzman, ambos de perfis pessoais no Facebook. Não há nenhuma referência, contudo, à menção feita a Fernando Haddad.

de Janeiro, me perguntava ao mesmo tempo quanta gente, no Estado, sabe mesmo para que ela serve".

Para ele, Fernando Haddad – prefeito de São Paulo – teria toda razão ao dizer "que a vontade de milhões, expressa nas urnas, e que dá aos governantes um mandato para tomar decisões e implementar políticas, não pode ser atropelada pelo voto das ruas, expresso por porta-vozes cuja representatividade ninguém sabe exatamente qual é". Prefeito eleito democraticamente, segundo argumenta Schwartzman, "suas propostas sobre como lidar com os transportes públicos em São Paulo contribuíram para sua eleição, e seu papel é levar estas propostas à frente, e não mudar de rumo de repente". Entretanto, para que esse mandato não sofra de uma "fragilidade representacional", mais do que formalidade legal, ele "precisa ter legitimidade, as pessoas precisam acreditar que realmente os eleitos as representam, e os protestos de centenas de milhares de pessoas nas ruas nos últimos dias mostram a grande fragilidade".

Concomitantemente, essa falta de legitimidade criaria o "caldo de cultura" para o "florescimento das ideologias românticas que parecem dar o tom de grande parte das manifestações que se ouvem de muitos de seus supostos porta-vozes".

Em Bolivar Lamounier, segundo Schwartzman,

> [...] romântico não tem a ver com amores, paixões e ódios, mas com um tipo específico de ideologia política que sonha com um passado ou um futuro, ambos utópicos, em que as pessoas vivem em comunidade, tudo é decidido e feito em comum, em harmonia entre homens e mulheres e destes com a natureza. Comparado com o mundo perfeito dos românticos, o mundo real, de instituições, leis, recursos escassos, interesses contraditórios, tudo isto é inaceitável. Eleições, parlamentos, juízes, instituições, bancos centrais, nada disto serve para nada.

A partir de seu diagnóstico "corrupção/má administração pública", "fragilidade/legitimidade política" e "romantismo/utopia", ao verificar que são elementos presentes das manifestações levadas às ruas e que são chaves de entrada para a compressão dessa realidade social, destaca seu posicionamento e uma possível solução. Em suas palavras, "precisamos urgentemente de governabilidade e legitimidade, e, para mim, pelo menos, a principal lição do voto das ruas é a necessidade urgente de uma reforma política que consiga produzir isto, com as inevitáveis imperfeições do mundo real".

Leonardo Boff: sentido, vida, manifestações

Leonardo Boff, em "O sentido da vida e as manifestações de rua",[9] publicado no dia 7 de julho no *blog Pragmatismo Político,* inicia a sua leitura dos movimentos ocorridos nas ruas constando que "está lentamente ficando claro que as massivas manifestações de rua ocorridas nos últimos tempos no Brasil e também pelo mundo afora expressam mais que reivindicações pontuais". Enfatizando o alcance de seu potencial, ressaltou que o motor de suas reivindicações não estaria centrado apenas na melhoria da "qualidade do transporte urbano, melhor saúde, educação, saneamento, trabalho, segurança e uma repulsa à corrupção e à democracia das alianças sustentada por negociatas".

Em uma percepção, estaria em fermentação

[...] algo mais profundo, diria quase inconsciente, mas não menos real: o sentimento de uma ruptura generalizada, de frustração, de decepção, de erosão do sentido da vida política, de angústia e medo em

---

[9] <http://bit.ly/1896RhA>.

face de uma tragédia ecológico-social que se anuncia por todas as partes e que pode pôr em risco o futuro comum da humanidade. Podemos ser até uma das últimas gerações a habitar este planeta.

Para Boff, não seria razão que "77% dos manifestantes tenham curso superior", o que se traduz em um sentimento de "mal estar do mundo", que estaria sendo expressado como "recusa a tudo o que está aí",[10] que pode ser sentido em quatro grandes pontos.

Primeiro, "é um mal-estar face ao mundo globalizado", em que

> [...] o que vemos nos envergonha porque significa a racionalização do irracional: o império norte-americano decadente para se manter precisa vigiar grande parte da humanidade, usar da violência direta contra quem se opõe, mentir descaradamente como na motivação da guerra contra o Iraque, desrespeitar acintosamente qualquer direito e norma internacional como o "sequestro" do Presidente Evo Morales da Bolívia, feita pelos europeus mas forçados pelos corpos de segurança norte-americanos. Negam os valores humanitários e democráticos de sua história e que inspiravam outros países.

Segundo, localizado em âmbito nacional, se colocaria a "situação de nosso Brasil".

> Não obstante as políticas sociais do governo do PT que aliviaram a vida de milhões de pobres, há um oceano de sofrimento, produzido pela favelização das cidades, pelos baixos salários e pela ganância da

---

[10] Acredita-se que esse dado tenha sido baseado em informação do Datafolha. Segundo ele, entre os manifestantes paulistanos 84% deles não têm partido político, 77% possuem curso superior, 22% são estudantes e a maioria tem menos de 25 anos (53%). (<http://bit.ly/17uC0pi>).

máquina produtivista de cariz capitalista que, devido à crise sistêmica e à concorrência cada vez mais feroz, superexplora a força de trabalho.

Curiosamente, mesmo ao se aproximar do texto de Simon Schwartzman, Boff, ao exemplificar a situação de coisas verificadas "nas cidades" dá, como exemplo, uma pesquisa feita na Universidade de Brasília. Segundo ele, os dados revelam que "entre 1996-2005 a cada 20 dias um bancário se suicidava, por causa das pressões por metas, excesso de tarefas e pavor do desemprego. Nem falemos da farsa que representa nossa democracia".

Referindo-se diretamente ao governo federal do PT, baseia-se no livro *Introdução à sociologia* do professor Pedro Demo, em que ele afirma ser a democracia uma "encenação nacional de hipocrisia refinada". Segundo Boff, ao concluir esse ponto, que "agora entendemos porque a rua pede uma reforma política profunda e outro tipo de democracia onde o povo quer codecidir os caminhos do país, coisa que o governo do PT não favoreceu".

Seu terceiro ponto estaria ancorado em um princípio religioso, na "degradação das instâncias do sagrado". Em sua análise, "a Igreja Católica ofereceu-nos os principais escândalos que desafiaram a fé dos cristãos: pedofilia de padres, de bispos e até de cardeais. Escândalos sexuais dentro da própria Cúria romana, o órgão de confiança do Papa". "Deus e a Bíblia" seriam colocados a serviço da disputa mercadológica para ver "quem atrai mais telespectadores". Nesse sentido, "setores da Igreja Católica não escapam desta lógica com a espetacularização de showmissas e dos padres-cantores com sua autoajuda fácil e canções melífluas".

E, por fim, o quarto ponto: "não escapa ao mal-estar generalizado a situação dramática do planeta Terra". Em um tom entre o profético e o alarmista, afirma que

[...] todos estão se dando conta de que o projeto de crescimento material, tipo nosso PAC, está destruindo as bases que sustentam a vida, devastando as florestas, dizimando a biodiversidade e provocando eventos cada vez mais extremos. A reação da Mãe Terra se dá pelo aquecimento global que não para de subir; se subir nos próximos decênios a 4-6 graus Celsius a mais, por causa de um anunciado aquecimento abrupto, este pode dizimar a vida que conhecemos e impossibilitar a sobrevivência de nossa espécie, com o desaparecimento de nossa civilização.

Ao se referir ao que insiste a "Carta da Terra" e chamar a atenção para as necessidades de serem repensados os desafios ambientais, econômicos, políticos, sociais e espirituais, afirma não ser mais possível nos iludirmos, "cobrindo as feridas da Terra com esparadrapos. Ou mudamos de curso, preservando as condições de vitalidade da Terra ou o abismo já nos espera".

Paulo Arantes: camaradagem, redes sociais, devaneios, ativismo

Paulo Arantes, em texto intitulado "Tarifa zero e mobilização popular" e publicado no *blog* da editora Boitempo no dia 3 de julho,[11] se propôs a responder duas perguntas a respeito ao que estava acontecendo no país "nessas últimas duas semanas".

Baseando-se no que "disse alguém do *mainstream* – e portanto suspeito – trata-se da vitória popular mais rápida e expressiva que se viu no país". Uma primeira pergunta,

---

[11] <http://bit.ly/12HqKmt>. Fruto da intervenção de Paulo Arantes na aula pública convocada pelo Movimento Passe Livre, em 27 de junho de 2013, o texto que foi utilizado aqui é uma transcrição adaptada do seu pronunciamento.

então, o moveu: "Como se explica, então, como em uma semana um milhão de pessoas foi às ruas?". Segundo Arantes, uma resposta usual seria: "foram as redes sociais que amplificaram um protesto minúsculo, sem elas não seria possível". Entretanto, nem mesmo "um ideólogo da teoria da sociedade em rede como Manuel Castells admite que um manifesto em rede social não leva ninguém à rua". Para ele, seria necessário, antes, "que ele [manifesto] encontre um ambiente de insatisfação pública e mobilize imagens e palavras que correspondem a isso".

A segunda questão, por conseguinte, disse respeito ao "mote dessa enorme mobilização, uma metáfora extraída do hino nacional, 'o gigante adormecido em berço esplêndido...'". Caberia, então, segundo Arantes, se "o gigante acordou", a pergunta "com o que sonhava ele nos vinte anos em que esteve mergulhado em um sono profundo?".

Para responder a primeira pergunta, ele "retoma" o artigo "Small change: why the revolution will not be tweeted", escrito por Malcom Gladwell, em 2010, dois meses antes da primavera árabe, "e muito antes dos indignados espanhóis e assemelhados". Ao recontar o principal argumento desse texto, interessou-lhe recapitular "o maior movimento de massas norte americano do século XX: o movimento por Direitos Civis, iniciado pelos negros do sul do país". Junto a esse, utilizou-se, "dadas as ressalvas históricas", o exemplo das Brigadas Vermelhas na Itália nos anos 1970. Em seu argumento, esses eventos endossam o fato que nada "dessa parafernália" – Facebook, *e-mails*, Twitter, etc. – foi usada. "Os vínculos que não são, fundamentalmente, aqueles em jogo nas redes sociais".[12]

---

[12] Paulo Arantes montou uma dicotomia entre uma solidariedade traduzida pelo companheirismo/camaradagem, a partir dos exemplos

Sobre a segunda questão, como sugestão Arantes disse "para todos esses coletivos mobilizados pesquisarem: com o que sonhava o povo brasileiro nos vinte anos em que esteve mergulhado em um sono profundo? O que passou pela sua mente e espírito, o que estava represado e não se sabia, ou que de repente veio à tona?". Para ele, um ponto de partida para essa reflexão "seria a distinção entre o sonho noturno e o diurno". No noturno, afirma, "pensamos para trás – no inconsciente não existe tempo, ele é sempre contemporâneo: não existe passado nem presente. É no sonho diurno que pensamos para frente". Esse "sonhar acordado", conclui, "é chamado na linguagem coloquial brasileira de *devaneio*. Trata-se do escape ou descolamento ocasional em relação à realidade sem o qual enlouqueceríamos". Entretanto, em sua análise, o "devaneio" aparece como elemento positivo e seu exemplo veio da literatura, especialmente na experiência estética de Horoné de Balzac escrevendo na França dos anos 30 e 40 do século XIX.

Para os dias atuais, e em conexão com as experiências das manifestações das ruas do Brasil, vale a pena a analogia entre "devaneio" e "ativismo" alegorizado por Arantes. Para ele,

> [...] a questão central que fica diz respeito à analogia entre esse devaneio coletivo e o vínculo forte do ativismo.

norte-americano e italiano, e as formas de militância "virtual" usadas na contemporaneidade. Como exemplo, e defesa da primeira forma de organização, o autor cita o MTST (Movimentos dos Trabalhadores Sem-Terra), que ele chama de "exemplo clássico". Para ele, "[...] somente essa característica de camaradagem que explica porque ele ainda resiste há 25 anos. O cenário que o MST enfrenta quando reivindica suas pautas é extremamente violento. Se há alto risco em alguma manifestação, é a deles. Não é possível mobilizar frente a jagunços, delegados, ameaça constante de despejo – em especial no caso do MTST – simplesmente com um evento via Facebook – são companheiros de longa data que estão juntos desde os acampamentos na beira de estradas".

E onde mais esse vínculo ativista poderia encontrar os milhares de adormecidos – hipnotizados, durante os últimos vinte anos, por líderes carismáticos – em sua multiplicidade de devaneios, senão no transporte coletivo? O sonhar acordado, esse breve respiro do inferno da jornada de trabalho, que pode abranger desde o namoro e a amizade às contas e a imaginação de fantásticos mundos imaginários, se dá, tipicamente, no transporte coletivo. Esse devaneio, que acontece em meio às duas horas de ida e duas de volta (para ficar no caso de São Paulo) e prefigura e exponencializa as miseráveis condições de trabalho da metrópole, pode aparecer sob a forma de uma lembrança, um causo, uma piada... às vezes acontece em voz alta e pode até se transformar em conversa. Essa conversa é perfeitamente politizável. O que acontece nesse devaneio, que afinal deflagrou o que vimos, é produto de um sofrimento social profundamente ligado ao mundo do trabalho.

Ainda para o autor, "as jornadas de junho" brasileiras transpuseram dois limiares: a primeira seria a "disposição política que parece ter ficado *varrida da memória política brasileira nos últimos vinte anos*: amigos cimentados numa causa" (grifo nosso); a segunda diz respeito "à ideia de manifestação. Desmontou-se, praticamente, o mito pós-ditadura segundo o qual vivemos em um estado democrático de direito". Nesse sentido, "doutrinadores da moral e cívica" tiveram que aceitar a "legitimidade das manifestações".

Vladmir Safatle: o gosto pelo silêncio e pelas ditaduras

Para Vladmir Safatle, em artigo intitulado "Proposta correta",[13] escrito originalmente para a *Folha de S.Paulo*

---

[13] <http://bit.ly/11XwL2t>.

e publicado no *blog* da editora Boitempo no dia 18 de junho, haveria "várias maneiras de esconder uma grande manifestação". Nesse sentido, pode-se "fazer como a Rede Globo e esconder uma passeata a favor das Diretas Já, afirmando que a população nas ruas está lá para, na verdade, comemorar o aniversário da cidade de São Paulo" ou seria "transformar manifestações em uma sucessão de belas fotos de jovens que querem simplesmente o 'direito de se manifestar'". Em ambas as formas, segundo Safatle, paulatinamente conseguiria-se "calar" o caráter "concreto e preciso de suas demandas".

Em um texto sintético e preciso, o autor, colocando-se no discurso, afirma se impressionar com a precisão com que as manifestações identificam problemas de ordem social, "o aumento do preço das passagens de ônibus", e político-econômica, "contra a imposição de uma lógica que transforma um transporte público de péssima qualidade em terceiro gasto das famílias". Segundo Safatle, "como as cidades brasileiras transformaram-se em catástrofes urbanas, moldadas pela especulação imobiliária e pelas máfias de transportes, nada mais justo do que problematizar a ausência de uma política pública eficiente".

Focando sua análise na cidade de São Paulo, "onde o metrô é alvo de acusações de corrupção que pararam até em tribunais suíços e onde a passagem de ônibus é uma das mais caras do mundo", sua posição política apresenta-se a favor dos manifestantes – "que até a semana passada [eram] tratados ou como jovens com ideias delirantes ou como simples vândalos que mereciam uma Polícia Militar que age como manada enfurecida de porcos". Entretanto, mesmo com uma forte ridicularização em torno da proposta da "tarifa zero", Safatle identifica que a ideia original não nasceu da cabeça de "grupelhos protorrevolucionários". "Ela foi resultado de grupos de trabalho da própria Prefeitura de

São Paulo, quando comandada pelo mesmo partido que agora está no poder".

Citando as várias cidades nos EUA que adotaram o transporte totalmente subsidiado, ressalta que a ideia, apesar as ironias contra os manifestantes, também tem lugar em cidades como Hasselt, na Bélgica, e Tallinn, na Estônia. Para Safatle, entretanto, a ironia maior se encontra exatamente na história do PT na cidade de São Paulo,

> [...] que ouve das ruas a radicalidade de propostas que ele construiu, mas que não tem mais coragem de assumir. A proposta original previa financiar subsídios ao transporte por meio do aumento progressivo do IPTU. Ela poderia ainda apelar a um imposto sobre o segundo carro das famílias, estimulando as classes média e alta a entrar no ônibus e a descongestionar as ruas.

Ao menos, parece que ninguém defende mais uma concepção bisonha de democracia, que valia na semana passada e compreendia manifestações públicas como atentados contra o "direito de ir e vir". Segundo essa concepção, manifestações só no pico do Jaraguá. Contra ela, lembremos: democracia é barulho.

Caetano Veloso: sintonia e insensibilidade

Caetano Veloso, em seu *blog* pessoal, publicou, no dia 17 de junho, um texto intitulado "#acordabrasil".[14] Em tom confessional e escrito em primeira pessoa, o músico afirmou sentir "identificação espontânea com os manifestantes". Segundo ele, logo na abertura de seu texto,

> [...] aqui no Rio, desde a resistência contra a derrubada da Escola Friedenreich e a defesa da Aldeia Maracanã,

---

[14] <http://bit.ly/17iegun>.

senti, pelos emails que recebia, por conversas que tive e pelos vídeos em que policiais apareciam jogando gás lacrimogêneo (sendo que meu candidato à prefeitura do Rio nas últimas eleições, Marcelo Freixo, foi atingido ao ir prestar solidariedade aos resistentes), que esse tipo de manifestações cresceria.

Ao analisar o evento das manifestações nas ruas do Rio de Janeiro – e do Brasil – mesmo tendo se apresentado "em reação ao aumento da tarifa dos ônibus", ele teria crescido com um sentimento que já vinha sendo compartilhado. Em seu argumento, Caetano evidenciou o que estaria em conformidade com a sua percepção de que se tratava de "algo genuíno, uma expressão de insatisfação da população com um quadro público que demonstra cansaço".

Para Caetano,

[...] não é apenas o governo do PMDB no estado e na prefeitura, nem o do PT no âmbito federal. É toda uma conjuntura que precisa ouvir dos cidadãos que não há mais aceitação passiva do que quer que seja. De minha parte, identifico-me com os manifestantes. Eles estão dando voz a sentimentos ainda inarticulados. Têm que nos fazer pensar.

As manifestações o fizeram "relembrar as passeatas dos anos 1960" e pensar "nos movimentos que se dão na Turquia agora, como se deram faz pouco nos EUA, na Espanha, na Grécia, em vários países árabes. Me sinto em sintonia com essas pessoas".

Ao mencionar um pronunciamento de Geraldo Alckmin sobre os protestos na rua, "reduzindo tudo a ação de baderneiros e vândalos", o prefeito teria agido de forma "insensível". Ainda para Veloso, sobre a polêmica levantada por Arnaldo Jabor na emissora Rede Globo, ele "[...] não chamaria Jabor de burro, como acontece na cômica montagem que fizeram da fala dele com uma gravação minha dos anos 1970, mas acho superficial dizer que esses movimentos são pura ilusão nostálgica de grupos de classe média, que sonham com as marchas de que ouviram falar". Entretanto, reconhece que "os 20 centavos podem não doer no bolso da maioria dos manifestantes mas são essenciais para os pobres que precisam de transporte público. Nada diz que jovens que não pertencem às classes necessitadas não podem reclamar por elas".

Em seu ponto de vista, o mais importante em todo esse movimento e nas manifestações seria "notar que o fato de serem os protestos motivados pelo aumento das tarifas aponta para o problema gigante do transporte público no Brasil". Especificamente o Rio conheceria uma "tradição mafiosa nesse campo".

Acusando vários níveis de insatisfação colocados à disposição, brotados da expressão, Caetano manifesta a sua posição sobre os que sofreram essas mazelas sociais. Ele seria

> [...] radicalmente contra a atitude das autoridades que mandam a polícia descer o pau em qualquer manifestante. Como disse um jornal estrangeiro, o Brasil parece que esqueceu o que são manifestações públicas de protesto. Enfim, como na canção de Dylan, alguma coisa está acontecendo e você não sabe o que é, sabe Sr. Jones? Esperemos que seja algo que ajude o Brasil a se desamarrar.

Rodrigo Vianna: sem voluntarismo, sem arrogância

Rodrigo Vianna, em seu *blog* intitulado *O escrevinhador* publicou, no dia 26 de junho, o texto "Rebeliões de junho: um mês sem fim".[15] Ao usar uma imagem que nos remete,

---

[15] <http://bit.ly/135vLvc>.

por exemplo, à Revolução Francesa – e uma imagem interessante pode ser encontrada no quadro *Liberdade guiando o povo*, de Eugène Delacroix, pintado em 1830 – Vianna afirma que "no Brasil de junho de 2013, não chegamos às baionetas. Mas a história se escreve com a sola dos sapatos de quem vai às passeatas. E com a inteligência de quem consegue ler rapidamente os movimentos que se alternam".

Em um texto relativamente longo, o autor se propôs a acompanhar e analisar as etapas, ou principais momentos das manifestações, enfatizando as reações e contrarreações tanto do governo quando da "direita".

Para éle,

> [...] as manifestações, de início, ganharam as grandes cidades brasileiras com uma pauta de "esquerda" muito específica: transporte mais barato. A direita ficou atônita? Jabores e Geraldos pareciam perdidos, e na dúvida saíram batendo (a PM paulista atuou de forma inacreditável na quinta, dia 13 de junho). Parte do petismo também se confundiu: quem são esses meninos provocadores? Sinal de esclerose dos velhos atores...

No desenvolver dos acontecimentos, "os conservadores mais inteligentes perceberam a janela de oportunidade: a rua podia colocar Dilma e o PT em xeque". Esse momento teria sido coroado pela reação contra a esquerda nas ruas de São Paulo, que teve lugar bem explícito no dia 20 de junho. Segundo o autor, "a esquerda foi chutada da avenida Paulista", o MPL perdera [sua] hegemonia e a Rede Globo teria encampado as manifestações – como "grande festa cívica". A principal bandeira era a da expulsão dos partidos, o que "queria dizer, basicamente: 'abaixo o PT', e 'abaixo a esquerda'".

No dia 21, continua Vianna, "movimentos sociais se articularam, sindicatos e partidos aprontaram o contra-ataque. E a maioria silenciosa já desconfiava de certa minoria que tentava botar fogo no país". Esse momento foi marcado por uma certa indecisão do MPL sobre o sair ou não às ruas.

Acompanhando ainda o desenrolar dos eventos, o autor destacou os dias 24 e 25 de junho como centrais no que diz respeito ao posicionamento da presidenta Dilma em relação aos pedidos de reforma política. No primeiro, a presidenta teria escutado o "'clamor das ruas' e, em vez de se sentir acuada, trucou: ok, vamos à Reforma Política. Escolheu a Constituinte, que foi logo contestada por uma direita apavorada com o destemor da presidenta". No dia 25, "Dilma recua: deixemos Constituinte pra lá. Derrotada? Não. A bomba segue no colo dos peemedebistas que controlam o Congresso e nas mãos da oposição que agora teme as ruas".

Estruturado no "calor dos acontecimentos", Vianna, em seu argumento, resguardou certa cautela em afirmar os rumos que essa disputa poderia tomar, se houve, enfim, uma vitória do governo ou da oposição.

Em suas palavras, "quem vai definir a pauta da Reforma que se desenhará? O povo, num Plebiscito. Quais os pontos defendidos por PT, Dilma e boa parte do campo lulista? Financiamento público de campanha e voto em lista para o Legislativo (o que fortalece os partidos; e fortalece sobretudo o PT)". Seu diagnóstico, ao passar por conjecturas sobre as possíveis respostas da "velha mídia" ou dos acordos como os "arranjos lulistas", seria de que "a Reforma Política, se for carimbada como 'reforma do PT', estará derrotada. Precisa ser a reforma do povão. Ampla, democrática". Inseridos num cenário de "despolitização" e de transformação dos "políticos em fonte de todo o mal", as propostas defendidas pelo governo se apresentaram, segundo Vianna, na "contramão da campanha fortíssima que se espraiou pelas redes sociais e pelas ruas". "Sem voluntarismo, sem arrogância", ainda para o autor, os tempos seriam outros, os "tempos das 'rebeliões de junho'", que um dia estarão nos livros de história, mas, "por enquanto são história a se fazer".

Considerações finais

As pesquisas feitas sobre as manifestações ocorridas nos meses de junho e julho, no sentido de se constituir um *corpus* de análise considerável para os fins desse estudo, tiveram como eixo central a articulação de autores que se manifestaram em relação aos acontecimentos que tiveram lugar nas ruas de várias cidades brasileiras. Motivados por uma necessidade e interesse em rediscutir os estatutos ou lugares ocupados pelos intelectuais na contemporaneidade, acreditamos que as redes sociais constituem uma fonte, hoje e cada vez mais, importante para acompanhar as permanências e as rupturas com as concepções usuais de se entender o papel desses formadores de opinião.

Conectados com as demandas atuais, em que assistimos a uma produção sem precedentes de informações, podemos perceber que esses intelectuais se inserem no que poderíamos chamar de um mercado aberto por posições intelectuais. Nesse sentido, privilegiamos uma gama heterogênea de nomes que são identificados ou pelo seu prestígio acadêmico (Simon Schwartzman e Paulo Arantes), ou por sua forte atuação midiática (Altamiro Borges e Leonardo Sakamoto), reconhecimento cultural (Caetano Veloso) ou por sua militância histórica (Leonardo Boff), dentre outras possibilidades apreensão e personalidades.

Diferente de perguntarmos sobre um suposto "silêncio dos intelectuais", acreditamos que, talvez, as questões a serem colocadas sejam: estamos assistindo à emergência de novas formas de ser do intelectual? Qual a sua eficácia performática hoje? Quais são os seus meios de atuação?

Uma rápida pesquisa pelas principais redes sociais, que extrapolam o objetivo deste texto, nos mostra que, apesar de Paulo Arantes e de sua posição sobre elas, todos os demais autores têm seus perfis pessoais e fazem uso deles com alguma frequência. Ao mesmo tempo, verifica-se também que há uma procura relativa de seus textos como fonte para compartilhamento de opiniões nas mesmas redes.[16] Nesse sentido, é sugestiva a existência de um mercado editorial ainda aberto para a atuação desses intelectuais, que ainda identifica em suas opiniões e pronunciamentos alguma relevância ou eficácia. Entretanto, ao invés de um "silêncio", estaríamos assistindo a uma pluralidade de vozes e a um processo de organicidade profissionalizante similar ao que foi vivido no início do século XX em relação à mídia jornal[17] diferenciando-se, a princípio, pelo formato mídia eletrônica. Não raro, o material encontrado e consultado para este texto, para além dos *blogs* pessoais, estava alocado em páginas de revistas, editoras, jornais, etc. de grande circulação e conhecimento.

Assim, acreditamos que este pequeno texto sobre a participação de alguns intelectuais midiáticos, por assim dizer, nos coloca alguns desafios e questões para se pensar essa figura tão complexa e fluida que é o intelectual.

Referências

CARVALHO, M. A. R. Temas sobre a organização dos intelectuais no Brasil. *Revista Brasileira de Ciências Sociais*, São Leopoldo, v. 22, n. 65, p. 17-31, out. 2007.

---

[16] Consideramos, para os nossos fins, as redes sociais Twitter e Facebook.

[17] Ver o estudo, de Sérgio Miceli (2001), *Poder, sexo e República Velha: estudo clínico dos anatolianos*.

FLUSSER,V. *apud* ÁVILA, M. Apresentação: os intelectuais e o papel da crítica. *Em Tese*, Belo Horizonte, v. 16, n. 2, 2010. Disponível em: <http://is.gd/g6XDhE>. Acesso em: 10 abr. 2014.

MICELI, S. Intelectuais brasileiros. In: *O que ler na Ciência Social no Brasil (1970-1995)*. São Paulo: Sumaré, 2002. v. 2: Sociologia.

MICELI, S. *Poder, sexo e República Velha: estudo clínico dos anatolianos*. São Paulo: Companhia das Letras, 2001.

NOVAES,A. O *silêncio dos intelectuais*. São Paulo:Companhia das Letras,2006.

PECÁUT, D. Prefácio. In: *Os intelectuais e a política no Brasil: entre o povo e a nação*. Ática: São Paulo, 1990.

PONTES, H. *Destinos mistos: os críticos do Grupo Clima em São Paulo (1940-68)*. São Paulo: Companhia das Letras, 1998.

Vandalismo e política nas redes sociais
Caso dos Anonymous e Black Bloc

Regina Helena Alves da Silva
Inês Correia Guedes
Amanda Chevtchouk Jurno
Gabriel Mascarenhas Ribeiro de Paula

No dia 10 de junho de 2013 ocorreu em São Paulo, no Brasil, uma manifestação que daria lugar a uma onda nacional de protestos. Ocorreu na conjuntura de uma grande competição esportiva, a Copa das Confederações e na eminência da Copa do Mundo que têm como sede o Brasil. Apesar dos conflitos terem girado em torno desses dois eventos, o mote principal, inicialmente, foi o aumento de R$ 0,20 no valor das passagens na cidade de São Paulo. Contudo, à medida que ocorriam, as manifestações mudaram o foco principal e passaram a tratar de outras questões, tanto políticas quanto econômicas. Diversas causas se juntaram e os protestos assumiram uma diretriz de luta por direitos civis. Desse modo, foram incluídos os protestos pela não aprovação dos Projetos de Emenda Constitucional (PEC 33, 37 e 99, principalmente), contra o "estatuto do nascituro", contra o projeto de lei intitulado "cura gay", o direito de *ir e vir*, por fim, o direito a *saúde e educação Padrão FIFA*,[1] entre outros.

---

[1] Os excertos grifados referem-se a "gritos de ordem" ouvidos nas ruas durante as observações participantes, e recolhidos por via da consulta diária de diversas postagens coletivas ou individuais no Facebook.

Justamente por ser sede desses eventos, o Brasil se tornou notícia de destaque na mídia nacional e internacional. Um dos focos das coberturas foi a violência dos protestos que ocorreram com abrangência nacional e, em particular, os atos de vandalismo realizados pelos manifestantes. A atuação da polícia também foi noticiada diversas vezes, lembrando que o país é conhecido por ter uma das corporações policiais mais violentas do mundo.

Uma análise desses movimentos sociais urge, não apenas porque a crise da democracia representativa, da participação e da cidadania são questões políticas e sociais na ordem do dia, mas também porque é preciso trazer alguma inteligibilidade ao conflito que eclodiu. O discurso sobre a figura do "vândalo" e dos atos de vandalismo foi sofrendo mutações ao longo dos protestos que podem ser observadas através dos discursos de manifestantes, jornalistas e internautas. Aqui se pode evidenciar um conflito discursivo: o discurso midiático e dos representantes do Estado (incluindo a polícia), acerca dos atos de vandalismo e violência, se confronta com outros discursos que ressignificam esses mesmos atos como forma legítima de atuação política, por exemplo.

O texto que se segue procura compreender esse fenômeno de produção e reprodução de significados, em particular, no que diz respeito às narrativas acerca da figura do "vândalo". Partindo de questionamentos surgidos durante as observações participantes dos protestos na cidade de Belo Horizonte e do discurso veiculado no perfil do Facebook de dois "grupos" assumidamente envolvidos nos protestos, assim como do discurso veiculado em três jornais, buscamos evidenciar quais as representações dominantes e conflitos relacionados com questões políticas. O objetivo principal deste texto é colocar algumas hipóteses e questionamentos acerca dos fenômenos de mobilização e protesto no Brasil. Como tal, faz parte de um *work in progress* analítico, de um esforço mais amplo de compreensão do fenômeno de movimentação social e protesto que ocorre no país. Deste modo, estruturamos o texto em três momentos principais. Num primeiro momento, iremos contextualizar os protestos que ocorrem no Brasil no debate acerca dos novos movimentos sociais e da crise da participação democrática. Seguiremos para uma exposição dos principais resultados da pesquisa, primeiro os referentes às observações participantes e análise da imprensa da cidade de Belo Horizonte e, posteriormente, os referentes aos perfis do Facebook dos Anonymous Rio e Black Bloc RJ. Por último, discutiremos a interpretação dos fatos. Concluiremos o texto indicando os principais limites encontrados e propondo questões para futuras investigações.

Contextualização teórica: os "novos" movimentos sociais em rede

Ao redor do mundo, é possível ressaltar diversos movimentos que vêm surgindo como reação à pobreza, à crise econômica e à falta de democracia. Veja-se que em 2010 na cidade de Sid Buzid, Tunísia, uma onda de protestos se iniciou com a imolação de um jovem vendedor ambulante. Seguiu-se Alexandria, no Egito, em 2011. Várias outras cidades no mundo islâmico se juntaram, dando origem ao que foi apelidado de Primavera Árabe. Na Europa, assistimos ao movimento dos Indignados, que se iniciou em Madri em 2011 e se expandiu a Portugal, Grécia e Turquia, mais recentemente. Ainda em 2011 aconteceu o Occupy Wall Street em Nova Iorque e, recentemente, a onda de protestos brasileira que se inflamou em junho de 2013, inicialmente na cidade de São Paulo.[2]

Faz sentido aglutinar esses fenômenos e analisá-los de forma conjunta? O que têm em comum esses protestos que ocorrem em locais tão diferentes quanto Nova Iorque, Alexandria e São Paulo?

Essas mobilizações em massa, segundo Castells (2012), correspondem a um mesmo fenômeno: "novas formas de participação política" ou movimentos sociais em rede (CASTELLS, 2013). Uma abordagem comparativa permite vislumbrar semelhanças, entre os diversos movimentos, e dessemelhanças, entre os novos movimentos e os tradicionais. Tratemos em primeiro lugar dos pontos em comum desses movimentos e num segundo do que os difere dos movimentos tradicionais.

Em comum, essas movimentações foram iniciadas em âmbito local, em territórios urbanos concretos, se expandindo progressivamente a outros locais até atingirem proporções nacionais e internacionais. Acerca da tese de David Harvey, [John Brissenden e Ed Lewis] argumentam precisamente acerca do papel das cidades nesse processo:

> É a elas que afluem – e lá que se articulam – as multidões às quais o capital já não oferece alternativas. Esta gente estabelece novas formas de sociabilidade, identidade e valores. É nas metrópoles que aparecem a coesão reivindicante das periferias; novos movimentos como Occupy; as fábricas recuperadas por trabalhadores em países como a Argentina; as famílias que

---

[2] A ordem pela qual apresentamos os protestos não pretende assumir uma postura de análise cronográfica ou indicar que um protesto tenha dado origem a outro. Queremos apenas argumentar a diversidade de protestos que tem acontecido ao longo dos últimos anos em diversas cidades de diversos países e problematizar as suas semelhanças, assim como as suas características próprias.

fogem ao padrão nuclear-heterossexual-monogâmico. Nestas cidades, portanto, concentram-se tanto as energias do capital quanto as melhores possibilidades de superá-lo. Elas não são túmulos, mas arenas. Aí se dá o choque principal entre dois projetos para a humanidade (BRISSENDEN; LEWIS, 2012).

É comum entre esses "novos" movimentos, também, o papel das redes sociais na comunicação e visibilidade dos protestos, servindo de ferramentas de organização, mobilização e difusão. Por outro lado, contribuíram ainda para uma rápida expansão territorial das ações e uma descentralização da luta (ALVES, 2012). O espaço cibernético e o espaço urbano interagem mutuamente e as redes oferecem a oportunidade de pessoas que nunca se movimentaram nesse sentido participarem do processo.

> Da segurança do ciberespaço, gente de toda a idade e condição se atreveu a ocupar o espaço urbano [...] reclamando seu direito de fazer a história – sua história – em uma demonstração da consciência de si mesmos que sempre caracterizou os grandes movimentos sociais (CASTELLS, 2012, p. 20, tradução nossa).

E por último a ausência de uma liderança única e formal assim como uma autonomia política e ideológica (CASTELLS, 2012; 2013; HARVEY, 2012).

Mas até que ponto estamos perante um novo fenômeno de participação e mudança social? O que distingue os movimentos do passado (por exemplo, o de maio de 1968) dos movimentos atuais?

Para Harvey (2012) o que difere essas formas de luta e de organização social das formas mais tradicionais é que não mais é possível discernir claramente uma luta de classes. Nesses protestos os coletivos participantes compõem-se como núcleos organizacionais menos restritos que os coletivos tradicionais, ultrapassando desse modo a noção clássica de classe social. Lucas (2006) concorda que as ações de protesto e mudança social da atualidade têm uma matriz coletiva sem, no entanto, assumirem uma configuração classista.

Castells (2012) concorda que estamos perante um fenômeno distinto. Nas mobilizações analisadas em seu livro *Redes de indignação e esperança* (tradução nossa), os manifestantes "ignoraram os partidos políticos, desconfiaram dos meios de comunicação, não reconheceram nenhuma liderança e rechaçaram qualquer organização formal, dependendo da internet e das assembleias locais para o debate coletivo e a tomada de decisões" (p. 21, tradução nossa). É como se esses movimentos espelhassem uma crise de fé nas instituições e formas de participação democráticas tradicionais.

Para Boaventura de Sousa Santos (2011), um dos pontos distintos dos novos e "velhos" movimentos e formas de protesto tem a ver com os perfis sociais dos manifestantes. A massa de manifestantes em diversas cidades europeias incorpora jovens, estudantes, trabalhadores, reformados. Alguns pertencem à chamada "sociedade civil organizada", outros não. Outros são sindicalistas e/ou militantes dos "novos" movimentos sociais. Apesar dessa diversidade, interagem nos mesmos espaços exigindo mudanças e direitos:

> Estamos diante de novas formas de mobilização política que se apresentam como extrainstitucionais e buscam pressionar o sistema político desde fora. As distinções convencionais entre a sociedade organizada e a não organizada, entre a sociedade civil politizada e a não politizada, têm que ser reformuladas pois já não se aplicam como o foram até agora.

Contudo, Alves (2012) argumenta que essa massa de manifestantes é socialmente mais homogênea do que à partida outros autores concebem. Para esse autor, estamos, antes de mais, perante um fenômeno de "globalização 'dos de baixo'". Ou seja, a condição de trabalho proletariado e de precariedade laboral generalizou-se de tal modo que se criou um sentimento comum de estar sendo atingido pela mesma "farsa democrática dos países capitalistas" (p. 33). A aparente divergência entre autores parece estar ligada aos ideais marxistas – se concordam ou não com esta visão – ou com o foco mais macro ou microssocial da análise. Contudo, parecem concordar que a configuração societal dos manifestantes é atualmente mais complexa do que em outros momentos. Também parece haver consenso quanto a uma universalização e uma diversificação das pautas de luta, em parte porque o objeto contra o qual se luta não é mais tão definido quanto outrora. Isto é, a luta clássica por direitos de trabalho ligada à desigual distribuição entre meios e força de produção estendeu-se a outros pontos dos direitos humanos e civis, assumindo uma configuração de luta pelos direitos à cidade como Lefebvre (2006) conceitua. Essa diversidade e heterogeneidade do movimento ocorrem, portanto, nas pautas de lutas.

> O detalhe crucial que podemos salientar [...] é que esses são movimentos democráticos de massa e ocorrem em países capitalistas sobre o Estado de direito democrático – o que não era o caso da Tunísia e do Egito. A ampliação do desemprego e da precariedade social no decorrer da década de 2000 [...] impulsionou o radicalismo das massas de jovens (e velhos) precários e indignados com governos social-democratas e conservadores [...] os novos movimentos sociais são reverberações radicais do capitalismo financeiro senil (ALVES, 2012, p. 34).

Os protestos inseridos nesses "novos" movimentos sociais são marcados por uma mescla de situações de crise econômica e de crise político-democrática. O mesmo autor declara que essa questão demonstra que a condição de trabalho proletariado ou do precariado se universalizou, o que permitiu que emergisse uma diversidade de demandas. É questionável que essa tese caiba como explicação para o fenômeno brasileiro. De fato, o Brasil não é, no momento atual, um país em crise econômica, apesar da precariedade ainda ser evidente. O número de famílias em ascensão social aumentou na última década com o governo do PT e as suas políticas sociais, mas a pobreza ainda persiste. A precariedade persiste principalmente em áreas geográficas específicas: nas periferias da cidade, nas favelas e no interior, acumula-se nas faixas mais precárias da população. Porém não foi nesses locais que emergiu o "movimento", mas na "Cidade" ou no "asfalto", na classe média-alta, branca e escolarizada. Ainda assim, se a precariedade econômica é um fator que eventualmente possa ter menos peso no fenômeno que aqui retratamos, a precariedade social não o é. O estado de bem-estar e previdência é fraco no Brasil, se não embrionário. Estaríamos, então, perante uma crise das instituições, uma crise social e política? A resposta aparenta ser positiva.

Mas ainda a propósito dessa "nebulosidade" ideológica, Slavoj Žižek (2012) afirma: "Sim, os protestos realmente criam um vazio – um vazio no campo da ideologia hegemônica [...]" (p. 18). Esse autor afirma que existe uma incongruência, quase infantil, em negar a validade do sistema político instituído, mas, ainda assim, dirigir a ele as demandas de mudança. Citando Lacan, "Como revolucionários, vocês são histéricos que demandam um novo mestre. Vocês o terão." (p. 24). O autor propõe que os manifestantes sabem as respostas e não as perguntas, e que estas cabem aos intelectuais. A sua postura analítica acaba por ser um pouco arrogante, no sentido em que assume uma postura de *expertise*. Contudo ressalva: a ignorância dos manifestantes não tem valor absoluto, mas os "intelectuais", ou cientistas, são mais capazes de fazer uma análise descomprometida.

Alves (2012) contrapõe essa tese defendendo que precisamente essa espontaneidade e liberdade ideológica são a força desses movimentos. O autor nos diz que: "Simultaneamente, vislumbramos a crise do pensamento crítico corroído pelo pós-modernismo e neopositivismo [...] Na medida em que renunciou, em sua maioria, à crítica radical do capitalismo a título da crença na possibilidade do 'capitalismo ético' [...]" (p. 35). Aplica essa tese ao fenômeno dos "novos" movimentos na Europa, mas também pode ser aplicada a outros contextos geopolíticos. No que diz respeito à realidade sobre a qual nos propomos a refletir – o Brasil – parece que o compromisso da classe política local também é com o capitalismo ético. Aliás, essa impossibilidade do "capitalismo ético" cumprir os seus desígnios teve um papel fundamental na explosão de protestos do país. Observando as mobilizações, podemos encontrar alguns indicadores dessa crise, por exemplo, com os gritos que denunciam a "compra" do país pela FIFA e a forma como a cidade volta as costas aos seus cidadãos.

> Os novos movimentos sociais, a princípio, não incorporam utopias grandiosas de emancipação social que exijam clareza político-ideológica. Pelo contrário, eles expressam, em sua diversidade e amplitude de expectativas políticas uma variedade de consciência social crítica capaz de dizer "não" e mover-se contra o status quo... Mas não podemos considerá-los, a rigor, movimentos sociais anticapitalistas... a função heurística magistral dos novos movimentos sociais

é tão somente expor as misérias da ordem burguesa senil (p. 36).

Portanto, mais importante do que propor alternativas, para este autor a novidade reside na capacidade de dizer não ao *status* econômico, social e político atual das nossas cidades e países. Contudo, em face dessa heterogeneidade de pautas e à heterogeneidade social dos participantes a dúvida permanece: estaremos de fato em face dum movimento social? Ou será que o conceito de movimento está mais ligado ao conceito de mobilidade e menos ao conceito de grupo? Acreditamos estar perante um fenômeno complexo que conjuga diferentes formas de apropriação e usos políticos do espaço cibernético (a título de exemplo a criação de "eventos" no Facebook, o uso de *smartphones* e outros dispositivos de captação de imagens e consequente divulgação simultânea) e do espaço urbano (a título de exemplo as assembleias horizontais, e as "táticas de guerrilha urbana"). São formas de atuação política que se pautam por uma grande plasticidade culminando na formação temporária de coletivos de indivíduos nas ruas e na rede. Ou seja, parece mais um fenômeno de indivíduos em movimento que em determinados momentos se configuram como grupos sociais partilhando ideologias, pautas de luta, imagens, vídeos, espaços de luta e conflito, do que um movimento de indivíduos em grupos formais.

Após essas considerações mais teóricas, podemos verificar que, apesar de haver um estudo consolidado das questões que gravitam em torno das formas de organização e participação nessas movimentações, carecemos ainda de uma interpretação dos atos de violência que assolaram o país durante as Jornadas de Junho. Resta então compreender de que forma a violência se configurou como vandalismo e ato criminoso e, paralelamente, como forma de atuação política. O nosso problema intelectual é, portanto, como é que a violência foi socialmente produzida e reproduzida.

Nas próximas alíneas apresentaremos os dados empíricos recolhidos por meio de observação participante nos atos de protesto de Belo Horizonte, análise de imprensa e análise de conteúdo de postagens. Discutiremos também os principais resultados da nossa análise. Escolhemos analisar as páginas do Black Bloc RJ e do Anonymous Rio por serem dois dos "grupos" vinculados à representação de "vandalismo" durante o clímax das manifestações no Brasil. Por outro lado, a escolha de analisar dados provenientes da observação de duas realidades urbanas diferentes permite-nos triangular dados e, desse modo, ampliar a nossa amostra de observação.

Os "vândalos" das Jornadas de Junho: observação participante e análise de imprensa

O trabalho que se segue enquadra-se num processo de observação e análise, que ocorre há pelo menos três anos, dos preparativos para os grandes eventos que o Brasil irá albergar até 2016 (as Copas e as Olimpíadas). No que se refere às Jornadas de Junho acompanhamos e participamos das diversas manifestações que ocorreram em Belo Horizonte do dia 16 de junho a 10 de julho.[3] Acompanhamos também as coberturas midiáticas de massa e independentes

---

[3] As observações participantes realizadas foram efetuadas por diversos membros do CCNM de forma individual. Observamos e participamos nas marchas, em diversas seções da Assembleia Popular Horizontal e na ocupação da Câmara de Belo Horizonte. Dessas observações resultaram registros de campo, fotografias e vídeos. É com base nesses materiais que surgiram os questionamentos e experiências que compõem este livro, em geral, e este artigo, em particular.

(Rede Globo, Mídia Ninja, BH nas Ruas, Maria Objetiva, entre outras), assim como postagens e compartilhamentos em diferentes redes sociais (particularmente o Facebook e o Twitter, por serem as redes mais "populares" do momento). Desse modo podemos aperceber-nos de que o discurso da mídia não correspondia às nossas observações *in loco*. Nas observações participantes fomos percebendo que os atos de violência, ou atos de vandalismo, como foram identificados pelas instâncias de controle social tradicionais, não eram generalizados. Quando ocorriam eram ora isolados a um pequeno agrupamento de manifestantes (nunca assistimos a atos que envolvessem mais que dez pessoas),[4] ora ocorriam após o final das marchas quando os manifestantes iniciavam a retirada do campo de confrontações. Assistimos também, por diversas vezes, à inaptidão ou desinteresse, por parte das forças policiais, em intervir nesses "focos" de violência. Por outro lado, apercebemo-nos que nas redes sociais esse era um tema quente.

Começamos, então, a perguntar-nos: quem são de fato esses "vândalos"? Em primeiro lugar, exploramos notícias, de jornal e de telejornal, para perceber que discurso era veiculado em relação a esse fenômeno. Selecionamos 227 notícias de jornal.[5] A frequência de notícias por dia,

---

[4] Convém ressalvar aqui que nenhum dos observadores do grupo de estudos se aproximou da linha da frente dos protestos, o local onde normalmente se davam os maiores confrontos.

[5] Para a análise de imprensa selecionamos *sites* de três jornais: *O Tempo*, *Estado de Minas* e *O Globo*. Nos respectivos *sites* realizamos uma pesquisa de notícias com as seguintes palavras: "vândalos", "baderneiro", "violência". Todas as notícias foram listadas numa planilha de Excel por data, título e subtítulo. As notícias selecionadas para *corpus* de análise foram escolhidas com base nos seguintes critérios: serem datadas entre 13 de junho e 7 de julho e referirem-se às manifestações. No caso de o título não corresponder a esses critérios a notícia total era

durante este lapso temporal, foi de cerca de dez notícias por dia. Em meados de junho encontramos no jornal *Estado de Minas* indicações de como seriam tratadas alguns atos de depredação durante as manifestações.

> Uma onda de vandalismo tirou o tom pacífico das manifestações [...] os mesmos vândalos danificaram pelo menos quatro ônibus, promovendo terror entre motoristas e passageiros de coletivos [...] Inúmeros manifestantes se mostraram contrários à ação de vandalismo e começaram a gritar palavras de ordem em favor da paz. "Sem violência, sem violência", repetiam em coro. Porém, não foram atendidos. Os mesmos vândalos continuaram a jogar pedras e pedaços de madeiras contra o prédio [...] Tal grupo seria formado por pessoas mascaradas e alguns punks [...] o grupo mascarado se infiltrou entre os manifestantes (*Estado de Minas*, 18 de junho de 2013).[6]

No dia 27 de junho a capa do jornal traz uma manchete em letras garrafais dizendo da vitória do Brasil na Copa das Confederações, mas da derrota da cidade de Belo Horizonte por ter sido palco de manifestações consideradas violentas e destruidoras de bens públicos e privados.

A imagem escolhida para dar sentido à análise do jornal sobre a questão da violência é a de um corpo jovem, de cor parda, num movimento de atirar algo, com um cenário ao fundo de destruição e fogo. Esse foi o início da construção da imagem do "vândalo".

---

visualizada para saber se havia referência a atos de vandalismo. A fim de evitar duplicações de notícias, estas foram organizadas primeiro por data e depois por título. Em seguida foi selecionada uma notícia por dia, de forma aleatória (aplicando uma ferramenta de aleatorização na planilha de Excel).

[6] <http://is.gd/jy8OKe>.

Figura 1 - Capa do *Estado de Minas* de 27 de junho

Fonte: <http://is.gd/UFglEt>.

Percebemos imediatamente que a construção da questão do vandalismo passou por diversas fases. Num primeiro momento o fenômeno de vandalismo foi assumido como sendo originado pela falta de liderança das marchas de protesto. A falta de líderes provocaria que alguns grupos oportunistas agredissem policiais e depredassem propriedade pública e privada. O mesmo jornal, num outro artigo, noticia o desacordo entre manifestantes: "um grupo mascarado começou a praticar atos de vandalismos. Alguns manifestantes não gostaram da atitude, e discutiram com os homens" (*Estado de Minas*, 18 de junho de 2013).[7]

---

[7] <http://is.gd/OuWLQo>.

Posteriormente, e face ao fato de diversos jornalistas terem sido agredidos por policiais, a mídia começou a questionar a atuação da polícia, como iremos expor mais adiante.

> Não havia policiamento nas imediações durante os ataques e, durante mais de uma hora de quebradeira na via, apenas três viaturas da Patrulha de Trânsito passaram pelo local [...] (*Estado de Minas*, 18 de junho de 2013).[8] Havia vários policiais à paisana corretamente criando um sistema de informações para a polícia. Se eles estavam organizados e havia a presença de grupos hostis, claramente com a intenção de se confrontarem com os militares, por que eles não tomaram providências?, questiona Rudá [...] (*Estado de Minas*, 24 de junho de 2013).[9]

Nesse momento, a narrativa sobre o vandalismo começou a ser dirigida para a construção da ideia de "vândalo". A definição é muito vaga, apenas diferenciando esses dos "cidadãos de bem", os manifestantes pacíficos.

Dessa fase de identificação vaga dos "vândalos" passamos para uma fase de procura ativa de culpados (ou serão "bodes expiatórios"?) desse vandalismo.

> Para o cientista político Rudá Ricci, grupos organizados de extrema direita e de extrema-esquerda embarcam em manifestações e incitam ataques à polícia, ao comércio e ao patrimônio público. "Além deles, muitos manifestantes de primeira viagem acreditam estar vivendo um momento épico e decisivo para o país", e protagonizam cenas que o país não via há mais de uma década. Ele afirma também que a própria Polícia Militar é inexperiente para tratar de protestos como o de anteontem (*Estado de Minas*, 24 de junho de 2013).

---

[8] <http://is.gd/jy8OKe>.
[9] <http://is.gd/w4huR0>.

> Extremistas radicais com ligações com grupos de outros estados e dos EUA, Turquia e Alemanha participaram dos atos de vandalismo durante a manifestação [...] "São radicais sem bandeira que praticam vandalismo, grupos antigoverno, antipolítica e antipolícia. Querem promover a desordem social e estabelecer o caos. Alguns se organizam pelas redes sociais", afirmou o delegado [...] O delegado confirmou a participação de pessoas infiltradas nas manifestações para fazer depredação: "Grande parte dos presos já responde por crimes pesados, como tráfico de drogas, furto, roubo e formação de quadrilha". Mas, segundo ele, há manifestantes envolvidos no vandalismo: "São jovens insuflados por baderneiros", afirmou (*Estado de Minas*, 28 de junho de 2013).[10]

Desses excertos podemos ver que o fenômeno do vandalismo não é identificável a um só grupo de indivíduos ou a grupos temporários. É um fenômeno complexo, composto por diversas formas de ação com motivações diferentes. Os próprios indivíduos, ou supostos grupos de indivíduos, são diferentes, havendo também notícias que denunciam a existência de policiais infiltrados.

Paralelamente, alguns "grupos" assumem publicamente, nas suas páginas *web* ou no Facebook, entre outras redes sociais, que os atos de vandalismo são formas legítimas de atuação política. Os dois "grupos" que provocaram maior repercussão pública em relação a essa ideologia foram os Anonymous e os Black Bloc, em especial na cidade do Rio de Janeiro.[11] Contudo, apesar dessa afirmação pública, apenas os Black Bloc continuam

---

[10] <http://is.gd/6G20GX>.

[11] Foi na cidade do Rio de Janeiro que os protestos assumiram, e continuam a assumir até à data, maior intensidade. Foi também nessa cidade que a referência a esses dois grupos foi mais evidente.

a ser demonizados pela mídia e partidos políticos, em especial pelos partidos de esquerda, que os consideram oportunistas, e implicados pela polícia a grupos criminosos internacionais

> [...] extremistas radicais com ligações com outros estados e dos EUA, Turquia e Alemanha [...] Os integrantes deste grupo aproveitam a multidão para fugir da polícia e dificultar as prisões. "Eles trocam de roupas muito fácil, se espalham no meio do povo, e começam a jogar bombas. Também incentivam outros atos criminosos. O foco deles é contra a copa e outros fatores, mas visam sempre atingir a polícia", diz o delegado (*Estado de Minas*, 28 de junho de 2013).[12]

De modo a entender quem são esses "grupos", Anonymous e Black Bloc, e perceber de que modo foram produzidas e reproduzidas as imagens sociais do "vândalo", tornou-se necessário fazer uma pesquisa mais aprofundada sobre eles. Seguem, na próxima alínea, os dados resultantes dessa pesquisa de conteúdo.

Conformação dos "grupos" Anonymous Rio e Black Bloc RJ – análise de postagens

Como procuramos demonstrar na alínea anterior, os Anonymous e os Black Bloc foram dois dos "grupos" identificados como "vândalos". Contudo, ficou por compreender de que forma esses "grupos" se autorrepresentam e as discussões cibernéticas que ocasionam. Os dados que aqui apresentamos provêm das páginas do Facebook dos Anonymous Rio e Black Bloc RJ, assim como da página

---

[12] <http://is.gd/1eJOe3>.

Anonymous Brasil, entre outras, e procuram responder a essas questões.

> Black bloc (do inglês black, negro; bloc, agrupamento de pessoas para uma ação conjunta ou propósito comum, diferentemente de block: bloco sólido de matéria inerte) é o nome dado a uma tática de ação direta, de corte anarquista, caracterizada pela ação de grupos de afinidade mascarados e vestidos de preto que se reúnem para protestar em manifestações de rua, utilizando-se da propaganda pela ação para desafiar o establishment e as forças da ordem.[13]

A definição foi retirada do site Wikipédia, link que aparece indicado como referência na página do Facebook do Black Bloc Brasil.[14] Segundo o site, não possuem organizações formais, hierarquizadas ou centralizadas, e usam roupas pretas, cobrindo os rostos, como forma de garantir o anonimato dos participantes (FIG. 2).

Não há informação oficial sobre o surgimento dos Black Bloc, porém há registros de sua atuação já na década de 1980, na Alemanha. De acordo com o professor canadense, da Universidade de Québec, Francis Dupuis-Déri em entrevista concedida em 2013,[15] "a tática apareceu dentro do movimento 'Autonomen', que organizava centenas de ocupações políticas e lutava contra a energia nuclear, a guerra e os neonazistas". Dupuis-Déri também afirma que a tática se propagou pelo mundo ocidental por meio da música anarcopunk

---

[13] <http://pt.wikipedia.org/wiki/Black_bloc>.

[14] <https://www.facebook.com/pages/Black-Bloc-Brasil/3530351547 37576>.

[15] <http://rudaricci.blogspot.com.br/2013/10/a-origem-mundial-dos black-blocs.html>.

e de grupos antirracismo, e que pode ser considerada como parte de um movimento de esquerda ou extrema-esquerda. Dupuis-Déri afirma que os Black Bloc, que são distintos em cada manifestação, são compostos por pequenos grupos de indivíduos anarquistas, anticapitalistas, feministas radicais e ecologistas, com uma forte consciência política. Portanto, parecem ser um agrupamento de indivíduos anônimos que se organizam de forma flexível, temporária e informal.

No Brasil, a primeira vez que a tática apareceu fortemente na mídia foi durante essas manifestações, momento em que se tornou nacionalmente conhecida.

Figura 2 – Foto de manifestantes portando a "máscara" dos Black Bloc

Fonte: <http://is.gd/kPjIta>.

"Permita nos apresentar como Anonymous, e Anonymous apenas. Nós somos uma ideia. Uma ideia que não pode ser contida, perseguida nem aprisionada".[16]

---

[16] <http://www.anonymousbrasil.com/sobre-anonymous/>.

Essa é a primeira frase que aparece na seção "Quem somos", do *site* Anonymous Brasil.[17] Segundo o *site*, a ideia surgiu em 2004 e visa um mundo sem corrupção, com liberdade de expressão e onde as pessoas não tenham que morrer lutando por seus direitos. Já segundo o *site* Wikipédia[18] o surgimento dos Anonymous se deu em 2003.

Eles deixam claro que não são um grupo, mas uma ideia de revolução difundida internacionalmente e convocam os usuários a procurarem informações e adquirirem uma visão crítica sobre o mundo. Assim se processará a mudança. "Nós não somos uma organização e não temos líderes. Oficialmente nós não existimos e não queremos existir oficialmente. Nós não seguimos partidos políticos, orientações religiosas, interesses econômicos e nem ideologias de quaisquer espécies".[19]

A ação dos integrantes se dá anonimamente na internet, principalmente por meio do hacktivismo, difundindo informações não divulgadas pelos meios de comunicação oficiais. Têm como referência o uso da máscara do personagem do filme *V de Vingança* (FIG. 3). Apesar de haver grandes discussões sobre o significado da máscara a peça parece servir para que os atuantes se possam reconhecer como membros, ainda que se mantenham anônimos durante as manifestações. O símbolo aparece, inclusive, no *site* "oficial".

---

[17] <http://www.anonymousbrasil.com/sobre-anonymous/>.

[18] <http://pt.wikipedia.org/wiki/Anonymous>.

[19] <https://www.facebook.com/AnonBRNews>.

Figura 3 – Imagem de estandarte com Máscara V, a forma identitária dos Anonymous

Fonte: <http://is.gd/Irv6dq>.

Figura 4 – Imagem da "guerrilha urbana" com manifestante usando a forma identitária dos Black Bloc

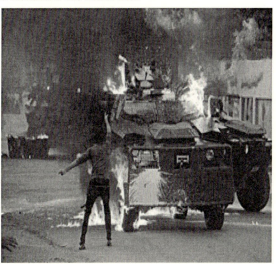

Fonte: <http://is.gd/TOMsrk>.

Esses dois "grupos" corporalizam, nas manifestações, formas identitárias através das máscaras: vestem-se de negro com as caras cobertas e usam a máscara V. Essa questão das máscaras, por si só, ocasiona um conflito entre os dois "grupos": os Black Bloc procuram não mostrar os rostos e passar uma ideia de união ou homogeneidade através do anonimato e os Anonymous destacam um herói do cinema.

Figura 5 - Imagem de manifestante portando a máscara dos Anonymous e um cartaz de protesto

Fonte: <http://is.gd/Q8t4Bg>. Créditos a Nelson Antoine

Figura 6 - Imagem de um grupo de manifestantes usando a forma identitária dos Black Bloc

Fonte: <http://is.gd/tQq2X4>.

Que outros conflitos emergem nas narrativas das redes sociais desses dois "grupos" além da questão do anonimato? O que os distingue e o que os assemelha? Quem são esses "grupos"? São essas algumas das questões a que tentaremos responder em seguida.

Anonymous e Black Bloc na *WEB*

De forma a melhor compreender as semelhanças e diferenças entre estes "grupos" fizemos uma pesquisa em dois perfis do Facebook – o Anonymous RIO e o Black Bloc RJ.[20] Depois de selecionado o *corpus* de análise,

[20] A pesquisa foi realizada utilizando o *software* netvizz# para coletar informações como o título da postagem, seu endereço, assim como o número de "curtidas", compartilhamentos e comentários que cada postagem obteve. Essas medidas nos permitiram inferir a repercussão de cada postagem. Uma vez que os métodos de seleção podem eleger uma página mais de uma vez, após a coleta fizemos a redução de postagens duplicadas. Para selecionar a composição do nosso *corpus* de análise, recorremos à técnica de amostragem não probabilística por critérios (RITCHIE; LEWIS; ELAM, 2003). Dessa forma, e recorrendo aos indicadores de repercussão anteriormente calculados – as postagens escolhidas para a análise foram aquelas mais compartilhadas e comentadas, partindo-se do pressuposto de que teriam uma maior riqueza em termos discursivos e de respaldo popular. Também foram adicionadas as postagens cujo título fizesse referência a termos como: "vandalismo", "vândalo(os)", "violência", "violento(os)" e "luta", garantindo a presença dessas temáticas nos nossos dados. Para isso, buscou-se os radicais dessas palavras e selecionou-se todas as postagens que apresentassem algum dos termos. A totalidade da amostra de conveniência foi subdividida em quatro partes equivalentes e distribuída por cada um dos pesquisadores. Cada pesquisador ficou responsável por uma fração do *corpus* de análise e procedia abrindo cada um dos *links* e expandindo os comentários. Depois, lia os comentários, recortava-os e listava-os na tabela de análise. Posteriormente, cada codificador realizou uma revisão da sua codificação. Num segundo momento de revisão, um dos pesquisadores fez uma revisão final antes de se dividir novamente o material, agora

procedemos à análise de conteúdo, empregando a técnica de análise e interpretação temático-categorial (Bardin, 2004), que consiste em dividir a narrativa em temas e codificá-los num determinado número de categorias. Obtivemos, desse modo, as seguintes categorias:

1) Identidade – sempre que houver falas que adjetivem e valorizem ou desvalorizem algum dos grupos. Podem ser:

- autodeterminadas (se a pessoa fala na primeira pessoa do singular ou plural, deixando claro o seu pertencimento);
- heterodeterminadas (se não se autorreferencia, falando na segunda ou terceira pessoa do singular ou plural).

2) Mídia – sempre que se referem às redes de comunicação em massa, seja de forma positiva ou negativa.

3) Polícia – qualquer referência às corporações policiais e seus funcionários.

4) Estado – quando existe menção aos órgãos públicos, em qualquer uma das esferas: municipal, estadual ou federal.

Incluímos ainda uma classificação do material quanto à forma, indicando o tipo de material (*status*, vídeo, foto, *link*), o grupo, a data e o endereço.

O material coletado totalizou 400 postagens, com datas de 20 a 29 de julho de 2013 (TAB. 1). A partir da coleta de dados, constatamos que a média de comentários às postagens da página "Anonymous Rio" foi de 70,8 (min.

---

para interpretação. Desse modo, cada pesquisador ficou responsável por interpretar, sensivelmente, duas categorias (cerca de trezentas ocorrências para cada um). No final, a interpretação do material foi discutida em grupo.

1, max. 384) e a média de compartilhamentos 395,6 (min. 1, max. 4.887). Já na página "Black Bloc RJ", a média de comentários foi de 30,7 (min. 0, max. 222) e 101 compartilhamentos (min. 0, max. 3.575) por postagem. Olhando para os dados é possível constatar que os seguidores do Black Bloc costumam comentar e compartilhar postagens de forma menos frequente que os Anonymous Rio.

O *corpus* de análise foi constituído por 36 postagens da página Anonymous Rio e 28 postagens da página Black Bloc RJ, totalizando 64 postagens (aproximadamente 16% da amostra). Em termos dos indicadores de repercussão, na primeira página a média de comentários era de 117,44 (min. 5, max. 384) e de compartilhamentos 737,58 (min. 33, max. 4.887). No segundo, respectivamente, 77,07 (min. 8, max. 222). e 406,15 (min. 33, max. 3.575).

Quanto à forma, a distribuição do *corpus* de análise por tipo de material pode ser consultada na TAB. 1. No caso dos Anonymous Rio, a maioria do material era constituída por *status* do próprio perfil (45%) e no caso dos Black Bloc por fotos (33%). Contudo, a distribuição da frequência por tipo de material deste segundo gênero é menos díspar em termos percentuais. Quanto à data de postagem, no caso do primeiro os materiais reportam-se ao período de 25 a 29 de julho e, no caso do segundo, de 22 a 29 de julho.

Tabela 1 - Distribuição da frequência por tipo de material coletado

	ANONYMOUS RIO				BLACK BLOC RJ			
	Amostra		*Corpus*		Amostra		*Corpus*	
	F	Fr	F	Fr	F	Fr	F	Fr
Link	38	19%	3	8%	43	22%	2	7%
Imagem	63	32%	20	56%	65	33%	10	36%
Status	90	45%	12	33%	58	29%	7	25%
Vídeo	9	5%	1	3%	34	17%	9	32%
TOTAL	200	100%	36	100%	200	100%	28	100%

Fonte: Elaboração própria.
Legenda: F = frequência absoluta; fr = frequência relativa

Em seguida, discutimos os resultados descrevendo as nossas interpretações por respectiva categoria.[21]

Identidade

"Vândalos", "baderneiros", "jovens à toa" são apenas alguns exemplos de adjetivos e classificações utilizados em diversos comentários. São alusões negativas que, em geral, procedem de usuários do Facebook que não se identificam com a postura política do perfil de Facebook, nem tampouco com o uso da violência e conflito como forma de atuação política ou de reação à violência policial.

A partir da análise do conteúdo, foi possível inferir que os seguidores do Anonymous Rio parecem não saber afirmar quem são, discutem sobre quais ações políticas seriam plausíveis e ou consideradas "aberrações", e demonstram pouco conhecimento sobre os temas defendidos pela página – como a origem da Marcha das Vadias, por exemplo – sugerindo um desconhecimento de ideologia, ou até mesmo, uma ausência dela.

Quadro 1 - Exemplos de comentários às postagens

"Parece que os próprios membros não conhecem a história e o objetivo do movimento. Eles mesmos tornam a causa ilegítima"[22]

---

[21] Nas tabelas que descrevem os resultados qualitativos utilizamos citações dos materiais recolhidos sem proceder a edições. Os comentários aparecem, portanto, com erros de digitação e usam da linguagem internaútica e de acrônimos de palavras. Optamos por deixar as mensagens como se encontravam originalmente para não haver nenhuma mudança de sentido e, inclusive, para manter o efeito desejado pelos autores dos comentários (como o uso de várias exclamações para se expressar, por exemplo, ou uso de sinais gráficos para imitar expressões faciais e uso de letras em caixa-alta para sugerir uma fala exaltada).

[22] <http://is.gd/kExAtE>. As referências às postagens e aos comentários do Facebook na listagem ao fim deste texto contêm alterações no

> "O que aconteceu foi uma total falta de respeito para com a escolha do próximo".[23]

> "Anonymous vocês já estão sendo ridículos e hipócritas, todo mundo viu o que aconteceu nas manifestações, as manifestações estão sem sentido, estão fazendo para aparecer, voltem o foco para o que realmente importa que são os políticos"[24]

> "NAO, anonymous e pro igualdade plena de direitos para todos".[25]

É possível perceber que os usuários tentam expressar, cada um, sua forma de enxergar o mundo, criando um emaranhado de opiniões díspares e sem que seja possível destrinchar uma forma identitária comum. Por um lado, percebe-se uma discussão sobre quem são os Anonymous, por outro, não é clara a intenção de atingir um consenso.

Quadro 2 - Exemplos de falta de identidade comum entre os seguidores do perfil dos Anonymous Rio

> "Viva anonymous por NAO deixar o "sucesso" lhe subir a cabeça, e continuar a defender as minorias, apesar da opressão e chantagistas de falsos ativistas, que tem coragem de ameaçar e indinuar parar de apoiar o movimento só por isso. mas ao invés disso, anonymous mostrou que realmente é autentico e sincero!! Parabéns!!"[26]

> "Parem de dar ênfase a algo que nada tem a ver com o proposito do grupo. Estamos aqui para propor MUDANÇAS para nosso atual quadro político."[27]

---

sentido de ocultar no corpo do texto a identidade dos comentaristas. Além disso é incluída a data de acesso, pois alguns comentários podem ter sido removidos ou contas de usuários excluídas.

[23] <http://is.gd/kExAtE>.

[24] <http://is.gd/xu7q8r>.

[25] <http://is.gd/xu7q8r>.

[26] <http://is.gd/svRppg>.

[27] <http://is.gd/svRppg>.

> "O propósito da página não é só ir em casa de político protestar, o propósito da página é defender a igualdade entre as pessoas, a liberdade para que cada 1 faça o que quer com suas vidas, o respeito a todos e a informação."[28]

Isso pode ser somado à falta de homogeneidade entre as diversas ramificações Anonymous. Baseado nos comentários coletados, o Anonymous Brasil lançou uma nota de repúdio à Marcha das Vadias, enquanto o Anonymous Rio não.

Percebe-se nos comentários uma preferência por assuntos ligados ao combate à corrupção – não havendo consenso partidário ou de inclinação política – e certa resistência a ações consideradas "vandalismo", ainda que justificadas.

Porém, com os Black Bloc RJ não é assim. Talvez devido à sua origem mais antiga e o tempo de "serviço" do grupo em outros países, fica claro quem são e o que pensam de si mesmos. O exemplo abaixo foi retirado da página do Black Bloc RJ, com referência a Yasmin dos Santos, um seguidor do perfil, e resume o que são esses atores:

Quadro 3 – Exemplo de unidade identitária dos seguidores do perfil dos Black Bloc RJ

> "Somo vândalos aos olhos vesgos e inundados de sífilis política da mídia. Mas na realidade somos livres. Sim, a liberdade começa em nossas mentes, e devemos lutar se n formos atendidos. Não realizamos saques, não apoiamos isso, pois isso eh da mesma natureza que os políticos e empresários fazem. Mas tbm n temos pena de ver lojas q exploram trabalhadores, e muita das vezes com mãos de obra escrava em países menores, para obter mais lucro. [...] Todos somos Black Bloc, todos somos um só. Agindo de maneiras diferentes, porém agindo. Seja protestando de preto, de branco, com cartaz, com escudo... pela internet ou na rua. Somos

---

[28] <http://is.gd/svRppg>.

o povo, e não uma quadrilha. Quadrilha é quem governa junto com empresários esse país. Não durmam... pois até em sonho vão lembrar de nossa existência".[29]

"Mas nós somos muitos. Não esquecemos. Não perdoamos. Nos aguardem, no queprecisar estamos prontos !"[30]

"filhos da puuuuttaaa. acham q vao nos calar, mas apenas comecamos a revolucao !"[31]

Diferentemente dos Anonymous Rio, as discussões acerca dos valores do "grupo" são menos frequentes. Vez ou outra surge algum comentário discordando de alguma atitude – como a comemoração quando um policial foi queimado por um coquetel *molotov* – mas são minoria e são feitas por seguidores "de fora", que não assumem a identidade do "grupo" assumindo uma postura crítica – concordando com algumas atitudes dos Black Bloc, mas recriminando outras.

Mídia, polícia e Estado

Optamos por aqui apresentar as três categorias que intitulam esta alínea pelo fato de que foram poucos os materiais classificados como tal. Desse modo, e também devido ao fato de no discurso aparecerem como entidades exteriores ao "grupo" ou até mesmo como opositores ao mesmo, decidimos aglutinar os resultados e a interpretação ao invés de os apresentar isoladamente.

A relação dos "grupos" com a mídia de massas não é muito amigável. Ambos reclamam da cobertura elitizada da

---

[29] <http://is.gd/SWy4Bd>.

[30] <http://is.gd/Q6OyBU>.

[31] <http://is.gd/Q6OyBU>.

Globo, principalmente da tentativa de alienar a população e de não corroborar com as manifestações. O primeiro exemplo é um comentário na página dos Anonymous Rio e o segundo um da página do Black Bloc RJ.

Quadro 4 - Exemplos de comentários contrários à atuação da mídia

"As pessoas que denigrem a Marcha das Vadias por causa da atitude imbecil de 2 pessoas fazem o mesmo que a GLOBO e TODAS AS TVs ABERTAS FAZEM COM NOSSO MOVIMENTO!!! Vá atrás da informação, não espere-a na frente da TV!! #VemPraRua."[32]

"a Globo finge que acredita e transmite os manifestantes como criminosos. Inúmeros vídeos comprovam as estratégias de manipulaç˜ão de massas. 53% da população sem acesso a internet sem acesso a tv a cabo é obrigado a assistir rede globo, logo acredita nas notícias manipuladas que vê."[33]

Já a relação com a polícia é diferente. Os Black Bloc são completamente contra a polícia e se referem aos policiais como "porcos". Há inúmeros comentários reclamando da ação truculenta, violenta e arbitrária da corporação, inclusive com várias denúncias de policiais infiltrados nas manifestações na tentativa de criminalizá-las – os chamados P2. Segundo o grupo, os P2 agridem e vandalizam como se fossem membros do "grupo", para piorar sua imagem frente à sociedade e "justificar" uma ação mais agressiva da polícia. Há muitas reclamações de prisões de manifestantes, da tentativa de evitar filmagens e de agressões, além de corrupção dentro da corporação.

[32] <http://is.gd/kExAtE>.
[33] <http://is.gd/HgIfOp>.

VANDALISMO E POLÍTICA NAS REDES SOCIAIS

Quadro 5 - Exemplo de comentários que expressam as reclamações acerca da polícia

"A polícia tá preparada só pra apertar o gatilho e defender essa elite IMUNDA."[34]
"Policiais "queimam" milhares de cidadãos comuns todos os dias - uma queimadura tiro-e-queda. Principalmente os moradores da favela e os negros."[35]
"na horas deles entrarem atirando nas comunidades e levando preso suspeito que desaparece pode? O indice de maldade desses caras é absurdo, e é só essa linguagem que eles entendem."[36]

Os Anonymous Rio, por sua vez, não apresentam unanimidade. Se alguns assumem essa visão negativa das corporações, há uma parcela dos usuários que vê com bons olhos a ação da polícia: consideram a ação policial justificável; agradecem a presença da corporação porque, segundo eles, sem ela o caos se instauraria; defendem que a ação deveria ser ainda mais rigorosa. Muitos comentários, inclusive, falam da necessidade de "trazer eles para o nosso lado", uma vez que os policiais também fazem parte da "classe" trabalhadora.

Quadro 6 - Exemplo de falas que mostram a diversidade de opiniões sobre a polícia

"A policia tem que garantir sim a integridade de quem partici-pado evento."[37]

---

[34] <http://is.gd/78H84O>.

[35] <http://goo.gl/ZieqOi>.

[36] <http://is.gd/Y5B0BB>.

[37] <http://is.gd/kExAtE>.

> "Quando os soldados da PM, a casta inferior da força de repressão, se derem conta de que estão sendo manipulados como cães adestrados, que são recompensados com migalhas pelo governador e seus asseclas, para agirem contra os manifestantes que reivindicam direitos legítimos, certamente trocarão de lado."

Também existem falas criticando a ação dos policiais por ser violenta e por tratarem os manifestantes como criminosos e terroristas, e um pedido para que a polícia seja mais "humanizada". Porém, mesmo dentre os comentários negativos, a posição dos Anonymous Rio é bem mais branda e favorável à corporação do que a dos Black Bloc RJ.

Quadro 7 – Exemplos de reclamações acerca da atuação da corporação

> "Não queremos viver sem policiamento, queremos dar outro significado pra polícia, não a polícia de guerra que a PM representa, mas uma polícia que respeite os direitos humanos, que respeite até os direitos dos criminosos, pois, segundo a Carta Magna do nosso país que se diz uma democracia diz: todos somos inocentes até que se prove o contrário."[38]

> "essa polícia que temos foram décadas de descaso, abandono e relaxamento da sociedade, os caras ganham mal e são exigidos ao extremo temos sortes deles não fazerem mais merda do que já fazem!"[39]

Em relação ao Estado, a maioria das postagens dos Anonymous Rio fala sobre corrupção, consideram o governador do Rio de Janeiro e seus aliados políticos corruptos e ladrões, e demonstram a perda de fé na política. Os usuários demonstraram descrença inclusive nas eleições,

[38] <http://is.gd/Weh9DM>.
[39] <http://is.gd/Weh9DM>.

com muitas pessoas dizendo que a urna não é confiável, e no sistema como um todo.

Quadro 8 - Exemplos de falas que demonstram desconfiança por parte dos seguidores do perfil dos Anonymous Rio

"Corrupção: há! Não é novidade que o MP do Rj é todo do Cabral"[40]
"egoismo: Eles estão do lado deles próprios, de mais ninguém. Querem e pedem o apoio popular para suas causas, que não passa de uma briga pessoal com os delegados de polícia judiciária, briga essa por poder, para ver quem manda mais, mas na hora de servir o povo, a quem pede apoio, tiram o corpo fora!"[41]
"Urna eletrônica não é confiável, mtos concordam, mas voto em papel é? O problema não é o meio de votação e sim, a fiscalização disso tudo"[42]
"Se ele cair, vai querer levar muita gente junto, vai jogar muita merda no ventilador pq tem rabo preso com muita gente, políticos e empresários do Rio e de fora, não duvido que role uma queima de arquivo, se liguem !!! Cabral cavando a cova !!!"[43]

Ainda em relação aos Anonymous Rio, também é possível perceber certa aversão ao PSB e PMDB, e maior inclinação para a esquerda, porém não é possível dizer que exista preferência por um partido. Esses dados estão de acordo com as análises apresentadas na primeira parte deste trabalho.

---

[40] <http://is.gd/a6bYXM>.

[41] <http://is.gd/a6bYXM>.

[42] <http://is.gd/jDhfok>.

[43] <http://is.gd/jDhfok>.

Há ainda uma reclamação generalizada do uso de verbas públicas para favorecer uma parcela da população e também da tentativa de mascarar os problemas sociais e de infraestrutura durante eventos internacionais, como a Jornada Mundial da Juventude.

Quadro 9 - Falas que exemplificam as reclamações dos seguidores do perfil Anonymous Rio

"MP não denuncia Joaquim Barbosa, não julga tucanos..."[44]
"Infelizmente com a ALERJ dominada pelo PMDB, é impossível ele cair....."[45]
"Agora é cada um salvando a sua pele, o partido vai querer detonar. Antes ele do que outro do PMDB. Ninguém quer largar o osso ou ser o próximo a sair."[46]

Professando o ideal anarquista, não é inaudito que a opinião dos Black Bloc RJ em relação ao Estado seja mais dura. Aliás, sendo anarquistas não acreditam, logo não podem defender, o estado e as suas funções. Eles se referem ao governo como uma nova ditadura e uma ditadura disfarçada. Justamente por pregarem a anarquia, não há preferência partidária.

Quadro 10 - Falas que demonstram o pensamento dos seguidores do perfil Black Bloc RJ

"a ação ditatorial do nosso governo O governo da um tapa na nossa cara dizendo: somos corruptos, continuaremos fazendo a farra com o dinheiro dos altos impostos pagos pelo povo, a saúde,

---

[44] <http://is.gd/jDhfok>.

[45] <http://is.gd/jDhfok>.

[46] <http://is.gd/jDhfok>.

educação e segurança que se fodam, que morram nas filas dos hospitais, que o suor de suas testas continuem sustentando o banquete de nossas festas e, quem reclamar vai ser violentado, preso, morto ou vai desaparecer."[47]

"estamos vivendo uma ditadura, alias, sempre vivemos acuados pelo sistema, aonde não podemos expressar nossa insatisfação com esse governo fodido e opressor." [48]

Ações políticas

Foi possível perceber posturas diferentes nas postagens e comentários que falavam sobre ações políticas nos "grupos". Alguns comentários foram classificados como provenientes de usuários que expunham opiniões contrárias à postura política justificando, por vezes, as suas críticas (tipo 1). O segundo tipo de comentário seria do tipo "xingamento" (tipo 2). Referem-se ao "grupo" Anonymous enquanto forma identitária difusa, às suas supostas ações e às opiniões pessoais de outros usuários da página. Um terceiro tipo (3) de conteúdo emerge composto por comentários de usuários parabenizando e enviando mensagens de apoio para os organizadores dos eventos. Convém informar, no entanto, que nem todos os eventos em questão são necessariamente realizados pelo "grupo" Anonymous Rio (por exemplo, em relação à Marcha das Vadias, parabenizam as "vadias"). Outros usuários manifestam-se sugerindo ações (tipo 4). O envolvimento dos usuários com as postagens dos perfis assume também a forma de comentário chamando a atenção para a necessidade de foco e concentração nos propósitos das manifestações (tipo 5). Por último, o comentário do tipo relato pessoal sobre as manifestações (tipo 6).

[47] <http://is.gd/bLpPO1>.
[48] <http://is.gd/myZckI>.

No "grupo" Anonymous Rio foi possível perceber uma predominância de comentários do tipo 1 e 2, mensagens hostis aos seguidores e ao "grupo" como um todo. Percebe-se claramente um debate em torno das percepções pessoais e discussões ideológicas pessoais em relação às ações políticas. Também é possível inferir que exista uma ausência de convergência nas opiniões dos seguidores do perfil, perceptível pela grande ocorrência de comentários ofensivos aos próprios seguidores.

Quadro 11 - Exemplo de comentários hostis aos próprios seguidores do perfil dos Anonymous Rio

"os absurdos dessa marcha que teve como o único objetivo agredir as pessoas. .sejam religiosos ou não. Ela apenas esta expondo um sentimento provocado por essa marcha . Esse que participaram dessa marcham precisam de cura pq isso eh patologia."[49]

"Criminoso, desnecessário e desrespeitador: "além de ser atentado ao pudor, mesmo que não fosse na jornada, imagina tu ta passando com sua filha e alguém fazer isso, desnecessário fazerem isso, tem que manifestar com respeito para que sejam respeitaods!"[50]

Comentários do tipo 4, chamando os colegas para focar na discussão de ações concretas também foram recorrentes, o contrário de comentários do tipo 5, com sugestões e discussões de ações e objetivos.

Quadro 12 - Exemplos de comentários do tipo 4

"Gente! Muda o disco. O foco não é este. Gastos públicos-CorrupçãoSaúdeEducaçãoMensalãoCPI"[51]

[49] <http://is.gd/xu7q8r>.
[50] <http://is.gd/xu7q8r>.
[51] <http://is.gd/xu7q8r>.

> "Proposta: Vamos esquecer esse episódio lamentável. Faz parte do passado. Vamos focar no que realmente interessa."[52]

Foi possível perceber muitas críticas a atos de vandalismo. Os seguidores dos Anonymous Rio, em sua grande maioria, parecem não concordar com violência e vandalismo. Pelo que foi possível perceber, eles consideram como violência a quebra de qualquer coisa (casas, lojas, estátuas, orelhões), o arremesso de materiais contra os policiais (coquetel molotov, pedras, madeiras), e também atos simbólicos como a aparição de mulheres nuas na marcha das vadias, que são considerados como forma de violência emocional.

Quadro 13 - Falas que exemplificam o que os seguidores dos Anonymous Rio consideram "violento"

> "Eu dei de cara com a manifestação e tive de entrar em uma farmácia, onde fecharm as portas e os manifestantes batiam nas portas de metal chegando a amassá-las. Isso não é manifestação pacífica."[53]

> "Ela não foi pacifica. Agredirão a fé e a devoção das pessoas quebrando imagens ...Desculpas! Mas protestar e acima de tudo respeitar o direito do outro também estar nas ruas por outros motivos quer seja rezar , ou receber seu Pastor ."[54]

> "O que vi foi um bando de pessoas sem educação com atitudes desnecessárias e que no final não manifestaram nada, pq aquilo não se pode chamar de manifestação e sim agressão."[55]

---

[52] <http://is.gd/xu7q8r>.

[53] http://is.gd/xu7q8r>.

[54] <http://is.gd/xu7q8r>.

[55] <http://is.gd/kExAtE>.

Já em relação aos Black Bloc RJ, quando há crítica a um ou outro membro é baseando-se na ideologia do "grupo". Isso é perceptível nos comentários acerca de ações que, considera-se, não fazem parte das que costumam ser feitas pelo "grupo". As discussões giram em torno do todo, não há ataques pessoais como nos Anonymous Rio, geralmente.

Quadro 14 - Exemplos de falas que demonstram a concepção dos seguidores do perfil Black Bloc RJ

"Pessoal do bloco negro tem que se encontrar em algum outro local virtual em paralelo e manter contato presencial, UNI-VOS, ORGANIZA ORGANIZA"
"Vcs foram muito inngenuos. Estamos a um passo de perder o apoio do povo. Só falta um P2 tacar uma pedra no papa."

Pelo fato de os Black Bloc terem uma ideologia formada, eles parecem saber o que buscam e quais ações precisam ser realizadas para atingirem o que buscam. Quando discutem, discutem sobre ações concretas, não sobre conceitos e ideologias. Há, claramente, a defesa de ações que são realizadas por integrantes, além de uma tentativa de proteção aos membros, com dicas de como agir nas manifestações ou no caso de prisões. É possível dizer que há um sentimento de pertença entre os cibernautas dessa página.

Quadro 15 - Falas que demonstram o sentimento de pertença

"Nossa missão é nobre, e precisamos identificar os infiltrados e FILMA-LOS imediatamente!!! Só assim o povo vai saber a verdade!"[56]

---

[56] <http://is.gd/KgN0TW>.

> "Galera do BB, quando virem esses merdas prendendo alguém dentro da manifestação tem que juntar nele, colocar no chão e colocar lacre nas mãos e nos pés... Imobilizar e largar na rua pra ele aprender!"[57]

Os Black Bloc RJ fazem apologia à violência e a justificam quer como forma de atuação política, enquadrada numa ideologia anarquista, quer como forma de reação à violência policial, que não ocorre apenas durante as manifestações, mas cotidianamente.

Quadro 16 - Exemplo das opiniões sobre o uso da violência

> "Para os que não entendem destruição de patrimônio publico e acham que isso é anticonstitucional e principalmente os que indicam que "quebre sua casa antes": O nome da revolução dentro da lei é carnaval. Nunca, nenhuma grande conquista foi feita através de palavras e passeios na rua. Quando vc faz a manifestação respeitando TODOS os termos da lei, vc não está se manifestando. Está agindo como Fantoche seguindo a lei dos velhos que queriam que a população não se manifestasse."[58]

> "Os molotovs são uma resposta ; De quem há muito está ferido"[59]

Conclusão

As manifestações das Jornadas de Junho começaram pacíficas. Essa incitação ao pacifismo era assumida como uma necessidade de evitar a criminalização dos movimentos sociais. Contudo, a resposta das forças de controle social (das corporações policiais, em específico) foi sempre

---

[57] <http://is.gd/myZckI>.

[58] <http://is.gd/Q2XRYr>.

[59] <http://is.gd/bLpPO1>.

de forte repressão. À semelhança do que é descrito por Castells (2012), em relação a outros movimentos sociais internacionais, os movimentos passam a configurar-se como "guerras civis" ou campos de batalha urbana. Pode parecer abusivo comparar a violência que atormentou o mundo árabe com a violência dos contextos ocidentais. O número de mortos diretamente imputáveis à repressão policial no Brasil e no Egito, por exemplo, não são comparáveis. Ainda assim, é inegável que essa violência existe e que é possível falar de massacres simbólicos no caso do Brasil. Mas como se decorreu o processo interativo de significação e representação? Respondendo a essa questão analisamos as diversas narrativas acerca do fenômeno nas alíneas anteriores.

A teoria da cruzada moral (BECKER, 1976) e a do pânico moral (YOUNG, 1971; COHEN, 2002) parecem auxiliar na compreensão desse fenômeno. No caso dos protestos, a cobertura midiática, internacional e nacional, junto com os discursos políticos, gerou imagens negativas que são reproduzidas por diversos atores, se configurando num processo de demonização dos movimentos sociais e seus atores. A imagem do vândalo como alguém contrário aos interesses sociais, por exemplo, foi reproduzida nas ruas, na mídia e nas redes sociais. Essa construção pode ser explicada pelo contexto em que os protestos surgem: com demandas genéricas e sem liderança definida, como argumentaremos mais adiante. No início do "quebra-quebra" o discurso da polícia também deslegitimava essa forma de manifestação e procurava justificar a forte repressão. Contudo, as denúncias de uma resposta repressiva desmesurada, juntamente com a denúncia da existência de policiais infiltrados (P2) que promoveriam a quebradeira para justificar a repressão violenta provocaram uma onda de vozes de apoio aos manifestantes. Nesse momento, o vandalismo deixa de ser apenas um ato e toma um rosto. E esse rosto, na verdade a máscara V, é identificado com o "grupo" Anonymous. Outro "grupo", os Black Bloc, surge quando a polícia e a mídia os correlaciona ao vandalismo, veiculando a ideia de que esse "grupo" teria ligações internacionais.

O fenômeno do vandalismo não é apenas um crime de depredação do patrimônio, mas passou a ser enquadrado como formação de quadrilha e muitos jovens foram presos sob essa acusação. A resposta, da sociedade em geral, dos manifestantes enquanto grupo indefinido, e desses grupos (mais definidos?), não tardou. É dessa resposta que tratamos aqui neste artigo, as formas de reprodução e ressignificação dos discursos da sociedade normativa.

A análise nos permitiu ter uma percepção dos "grupos" Anonymous e Black Bloc em diversas temáticas. No geral, é possível dizer que os Black Bloc RJ são reconhecidos como agrupamento de indivíduos com um forte sentimento de pertença e que sabem quais são seus objetivos. Já os Anonymous Rio querem ser um grupo, querem fazer alguma coisa para mudar a situação do país, mas não sabem exatamente o quê – o que gera enormes discussões entre os seguidores – e não há um sentimento de "eu sou Anonymous". Desse modo, indefinições políticas e ideológicas convivem com ideologias políticas bem definidas, assumindo proporções conflitantes quer no âmbito das ações de rua, quer no dos debates internáuticos.

No entanto, a nossa análise tem limites à generalização. Esse limite é decorrente das escolhas metodológicas efetuadas. Por um lado, a nossa amostra é de conveniência e não é possível inferir a sua representatividade no universo de postagens referentes aos atos de protestos das Jornadas de Junho, nem a todos os indivíduos que se identificam com a ideia dos Anonymous ou a tática dos Black Bloc. Por outro, a nossa análise é meramente qualitativa, sendo que optamos por não contabilizar frequências absolutas e relativas de cada uma das categorias e respectivos temas. Consideramos que, tendo em conta o nosso objetivo, esses dados quantitativos não acrescentariam informações pertinentes.

A nossa pesquisa embate também com diversas outras dificuldades. O Facebook, rede social selecionada para coleta de dados, não permite que a pesquisa de temas e postagens seja eficiente. Automaticamente, essa ferramenta seleciona as postagens com mais comentários e "curtidas" e oculta outras. Isso limita ainda mais a possibilidade de generalização de resultados.

Contudo, os nossos dados possuem uma riqueza discursiva e de significados que nos permite dar contribuições importantes para o debate acerca das Jornadas de Junho, em particular, e dos "novos movimentos sociais", em geral.

Ainda assim, futuramente, seria interessante confrontar esses resultados, ou quiçá replicar a experiência ampliando o âmbito temporal dos dados e os *locus* internáuticos e da análise de imprensa. Esses dados permitiriam ampliar a visão da cruzada e pânico moral que acima referimos, assim como perceber melhor as dinâmicas internas dos "grupos" aqui considerados.

Seria também interessante explorar a questão da definição ideológica nos dois "grupos" no seguimento da tese de Alves (2012) que propõem que a indefinição ideológica é justamente o que os fortalece. Nesta pesquisa ficou evidente que definição e indefinição coexistem no "movimento social", mas não foi possível testar as razões dessas diferenças em âmbito microssocial. Nesse sentido, poderia ser interessante analisar a existência de um recorte de classe nesses "grupos", isto é, verificar se existem diferenças no âmbito sociocultural.

Referências

ALVES, G. Ocupar Wall Street... e depois? In: HARVEY, D. *et al. Occupy: movimentos de protesto que ocuparam as ruas.* São Paulo: Boitempo/Carta Maior, 2012. p. 31-39.

BARDIN, L. *Análise de conteúdo.* Lisboa: Edições 70, 2004.

BECKER, H. S. *Uma teoria da ação coletiva.* Rio de Janeiro: Zahar, 1976.

BRISSENDEN, J.; LEWIS, E. [Introdução à entrevista]. In: HARVEY, D. *As cidades rebeldes de David Harvey.* Entrevista concedida a John Brissenden e Ed Lewis. 13 jul. 2012. Disponível em: <http://is.gd/wYyG0w>. Acesso em: 11 abr. 2014.

CASTELLS, M. Castells diz que Dilma foi a primeira líder mundial a ouvir as demandas das ruas. Entrevista concedida a Daniela Mendes. *IstoÉ Independente,* 28 jun. 2013. Disponível em: <http://is.gd/GcVdyC>. Acesso em: 20 jul. 2013.

CASTELLS, M. *Redes de indignación y esperanza: los movimientos sociales en la era de internet.* Madrid: Alianza, 2012.

COHEN, S. *Folk Devils and Moral Panics: The Creation of Mods and Rockers.* 3. ed. London: Routledge, 2002.

HARVEY, D. *As cidades rebeldes de David Harvey.* Entrevista concedida a John Brissenden e Ed Lewis. 13 jul. 2012. Disponível em: <http://is.gd/wYyG0w>. Acesso em: 11 abr. 2014.

LEFEBVRE, H. *O direito à cidade.* 4. ed. São Paulo: Centauro, 2006.

LUCAS, D. C. Os novos movimentos sociais contribuindo para a afirmação democrática do Direito e do Estado. *Direito em Debate,* v. 15, n. 25, p. 53-88, 2006. Disponível em: <http://is.gd/hKg5es>. Acesso em: 20 jul. 2013.

SANTOS, B. S. As esquerdas europeias têm que se refundar. Entrevista concedida a Bárbara Schijman. *Revista Debate,* 11 jul. 2011. Disponível em: <http://is.gd/9ZKXS3>. Acesso em: 20 jul. 2013.

YOUNG, J. *The Role of the Police as Amplifiers of Deviancy, Negotiators of Reality and Translators of Fantasy' in Images of Deviance.* London: Penguin, 1971.

ŽIŽEK, S. O violento silêncio de um novo começo. In: HARVEY, D. *et al. Occupy: movimentos de protesto que ocuparam as ruas.* São Paulo: Boitempo / Carta Maior, 2012. p. 15-26.

Corpus citado

Anonymous Rio. (2013, 25 de julho) Um militar choramingando desse jeito já é algo risível por si só. [...] [Comentário no Facebook]. Disponível em: <http://is.gd/Weh9DM>. Acesso em: 30 jul. 2013.

Anonymous Rio. (2013, 26 de julho) Já caiu, só falta ser oficialmente comunicado pela Alerj. [...] [Comentário no Facebook]. Disponível em: <http://is.gd/jDhfok>. Acesso em: 30 jul. 2013.

Anonymous Rio. (2013, 27 de julho) É o efeito cascata... Cabral tira corpo fora e coloca a culpa dos abusos no Beltrame. [...] [Comentário no Facebook]. Disponível em: <http://is.gd/Weh9DM>. Acesso em: 30 jul. 2013.

Anonymous Rio. (2013, 28 de julho) Ao ler os comentários a respeito da Marcha das Vadias, vi necessidade de perguntar a vocês. [...] [Comentário no Facebook]. Retirado de <http://is.gd/kExAtE>. Acesso em: 30 jul. 2013.

Anonymous Rio. (2013, 28 de julho) Nota do movimento Marcha das Vadias no Rio de Janeiro a respeito da marcha do dia 27 de Julho [...] [Comentário no Facebook]. Disponível em: <http://is.gd/svRppg>. Acesso em: 30 jul. 2013.

Anonymous Rio. (2013, 29 de julho) Evento: <http://is.gd/BcT1Z6> [...] [Comentário no Facebook]. Disponível em: <http://is.gd/a6bYXM>. Acesso em: 30 jul. 2013.

Anonymous Rio. (2013, 29 de julho) Um das imagens mais chocantes da Jornada Mundial da Juventude, a guarda fazendo um cordão para proteger os peregrinos [...] [Comentário no Facebook]. Disponível em: <http://is.gd/xu7q8r>. Acesso em: 30 jul. 2013.

Black Bloc RJ. (2013, 21 de julho) Será que chiquinho vai ver o brasil como ele realmente é ? [Postagem no Facebook]. Disponível em: <http://is.gd/Q2XRYr>. Acesso em: 30 jul. 2013.

Black Bloc RJ. (2013, 22 de julho) Escrevo ao povo, ao Papa, "governantes" e "autoridades" policias. [...] [Postagem no Facebook]. Disponível em: <http://is.gd/SWy4Bd>. Acesso em: 30 jul. 2013.

Black Bloc RJ. (2013, 22 de julho) <https://www.youtube.com/watch?v=wux8Nkt6htA> Filé suíno flambado à molotov, servidos? [...] [Comentário no Facebook]. Disponível em: <http://is.gd/Y5B0BB>. Acesso em: 30 jul. 2013.

Black Bloc RJ. (2013, 22 de julho) quem puder identificar esse fdp eu fico grato, foi ele que prendeu o ninja [...] [Postagem no Facebook]. Disponível em: <http://is.gd/myZckI>. Acesso em: 30 jul. 2013.

Black Bloc RJ. (2013, 23 de julho) Hue [Postagem no Facebook]. Disponível em: <http://is.gd/KgN0TW>. Acesso em: 30 jul. 2013.

Black Bloc RJ. (2013, 23 de julho) Poema do PM queimado: Em manifestação no Rio [...] [Postagem no Facebook]. Disponível em: <http://is.gd/bLpPO1>. Acesso em: 30 jul. 2013.

Black Bloc RJ. (2013, 23 de julho) Rio de Janeiro 22/07/2013 [Comentário no Facebook] Disponível em: <http://is.gd/iA2AH3>. Acesso em: 30 jul. 2013.

Black Bloc RJ. (2013, 23 de julho) Uma equipe dos Advogados Ativistas acabou de assistir o vídeo da prisão de um dos membros do Mídia Ninja. [...] [Comentário no Facebook]. Disponível em: <http://is.gd/78H84O>. Acesso em: 30 jul. 2013.

Black Bloc RJ. (2013, 24 de julho) Boa tarde, mas na verdade não é. O facebook desativou a conta de TODOS os admins da página. [Comentário no Facebook]. Disponível em: <http://is.gd/Q6Oy-BU>. Acesso em: 30 jul. 2013.

Black Bloc RJ. (2013, 25 de julho) tipo isso '-' [Comentário no Facebook]. Disponível em: <http://is.gd/HgIfOp>. Acesso em: 30 jul. 2013.

Os autores

Regina Helena Alves da Silva

Possui graduação em Ciências Sociais pela Universidade Federal de Minas Gerais – UFMG (1980), graduação em História pela UFMG (1982), mestrado em Ciência Política pela UFMG (1991) e doutorado em História Social pela Universidade de São Paulo (1997). Pós-doutora em Arquitetura e Urbanismo pela Universidade Federal da Bahia (2009) e pós-doutora em Cidades e Culturas Urbanas pelo Centro de Estudos Sociais (CES), da Universidade de Coimbra. É Professora Associada IV da UFMG e atua nos Programas de Pós-Graduação em História e em Comunicação Social. Coordenadora do Centro de Convergências de Novas Mídias (CCNM/UFMG) e integrante do Instituto Nacional de Ciência e Tecnologia para a Web (INWEB). Atualmente coordena os projetos de pesquisa Re-encontrar o público nas praças da cidade: novas formas de apropriação no espaço urbano em transformação na Belo Horizonte do século XXI, Metodologias de conexão em rede: arquiteturas comunicacionais reticulares on-line e off-line, e Arquiteturas comunicacionais do espaço público: redes sociais na web (CNPq/Fapemig). E-mail: regina.helena@gmail.com

Paula Ziviani

Doutoranda do Programa de Pós-graduação em Comunicação Social da UFMG. Mestre em Ciência da Informação pela UFMG, linha de pesquisa Informação, Cultura e Sociedade, em 2008. Especialista em Gestão Cultural pelo Centro Universitário UNA em parceria com a Fundação Clóvis Salgado/Palácio das Artes, em 2005. Bacharel em Filosofia pela UFMG, em 2002. É pesquisadora do Centro de Convergência de Novas Mídias (CCNM/

UFMG). Desenvolve pesquisas sobre indicadores culturais, políticas públicas de cultura e megaeventos. E-mail: pziviani@gmail.com

Carlos d'Andréa
Docente do Programa de Pós-Graduação em Comunicação (PPGCOM/UFMG) e professor adjunto do Departamento de Comunicação Social da UFMG. Jornalista graduado pela UFMG, doutor em Linguística Aplicada pelo PosLin/UFMG (linha Linguagem e Tecnologia), mestre em Ciência da Informação pela ECI/UFMG e especialista em Gestão Estratégica da Informação. É membro do Núcleo de Pesquisa em Conexões Intermidiáticas" (NucCon), vinculado ao grupo de pesquisa CNPq Centro de Convergência de Novas Mídias (CCNM). E-mail: carlosfbd@gmail.com

Joana Ziller
Professora do Programa de Pós-Graduação em Comunicação Social e do Departamento de Comunicação Social da UFMG, é pesquisadora do CCNM/UFMG. Mestre e Doutora em Ciência da Informação (UFMG), graduou-se em Comunicação Social/ Jornalismo pela mesma universidade. Suas pesquisas têm como eixo a produção de pessoas comuns publicada na Internet e os fluxos que as envolvem, especialmente no que tange ao audiovisual. E-mail: joana.ziller@gmail.com

Geane Alzamora
Jornalista, doutora em Comunicação e Semiótica, professora do Departamento de Comunicação Social da UFMG, onde leciona na graduação e integra o corpo docente permanente do Programa de Pós-Graduação em Comunicação e Semiótica. É bolsista de Produtividade Pesquisa (CNPq) e pesquisadora do CCNM (CNPq/UFMG). Suas pesquisas enfatizam as abordagens da semiótica, convergência, mídias sociais e jornalismo. E-mail: geanealzamora@ufmg.br

Tacyana Arce
Doutoranda em Comunicação Social na Universidade Federal de Minas Gerais (2013/2017), onde também tornou-se mestre em Ciência da Informação (2006). Graduada em Jornalismo pela Pontifícia Universidade Federal de Minas Gerais (1995). É professora assistente do Centro Universitário de Belo Horizonte (UNI-BH). Foi repórter do jornal *Estado de Minas* (1996-2005) e coordenadora de jornalismo da rádio UFMG Educativa (2005-2013), além de ter atuação em revista, comunicação organizacional e televisão. Integra

OS AUTORES

o CCNM (CNPq/UFMG) e é uma das idealizadoras do Labcon (Laboratório de Convergência DCS/Cedecom/UFMG). Desenvolve pesquisas sobre conexões em rede, conexões intermediáticas, metodologia de pesquisa em rede, novas mídias e convergência, multi e transmidialidade, rotinas de produção jornalística, jornalismo público, radiojornalismo, e jornalismo e educação. E-mail: tacyarce@gmail.com

Raquel Utsch

Pesquisadora do CCNM/UFMG. Mestre em Comunicação Social (PUC Minas), graduada em Jornalismo pela mesma instituição. Pesquisadora bolsista do projeto Cartografias de redes de consumo online no segmento de automóveis – metodologias de pesquisa em rede (CCNM-UFMG/CNPq, 2011-2012); pesquisadora bolsista do projeto Jogos como facilitadores da qualidade de vida do trabalhador da indústria (Senai/CNPq, 2013-2014). E-mail: raquel.utsch@gmail.com

Sônia Caldas Pessoa

Doutoranda em Estudos Linguísticos na Universidade Federal de Minas Gerais (UFMG). Bolsista da Coordenação de Aperfeiçoamento de Pessoal de Nível Superior (Capes) e do CNPQ (Conselho Nacional de Pesquisa) em doutorado sanduíche na Université Paris Est-Crèteil (França). Desenvolve projeto de pesquisa sobre o discurso da diversidade e da deficiência nas redes sociais. Jornalista há mais de 20 anos, atuou como professora de Jornalismo por 12 anos. Pesquisadora do CCNM (UFMG). Idealizadora do blog www. tudobemserdiferente.com. E-mail: soniacaldaspessoa@gmail.com

João Marcos Veiga

Mestrando em História na UFMG, linha de pesquisa História Social da Cultura. Bacharel em Comunicação Social pela PUC Minas, com ênfase em Jornalismo, tem especialização em Produção e Crítica Cultural pelo IEC PUC Minas. É pesquisador do Centro de CCNM (UFMG) e do Núcleo de Pesquisa NucUrb. Atua como jornalista cultural e desenvolve pesquisas ligadas a processos urbanos, história urbana e música. E-mail: joaomarcosveiga@hotmail.com

Valdeci da Silva Cunha

Mestre em História pela UFMG (2012), pela linha de pesquisa História e Culturas Políticas, e licenciado em História, pela mesma instituição (2008). Foi bolsista de iniciação à pesquisa (Cnpq) pelo projeto Coleção Brasiliana: leituras e narrativas da nação (1931-41) e bolsista (FUMP) no projeto História Social da Linguagem. Atuou como Arte-educador em exposições artísticas em Belo Horizonte, em instituições como Casa Fiat de Cultura e Fundação Clóvis Salgado (Palácio das Artes) e como pesquisador e auxiliar de produção da Editora C/ Arte Projetos Culturais. Atualmente, faz parte do grupo de pesquisa CCNM (UFMG) e focaliza seus estudos nas áreas: História do Brasil Republicano, História Intelectual e dos Intelectuais e História da Arte e da Crítica de Arte. E-mail: valdeci.cunha@gmail.com

Inês Correia Guedes
Doutoranda de Sociologia do Centro de Estudos Sociais da Universidade de Coimbra, realiza programa de mobilidade na UFMG. Participa, nesta última universidade, no Grupo de Pesquisa CCNM como pesquisadora, estando atualmente a participar em duas linhas de pesquisas: uma sobre os efeitos sociais e urbanos dos grandes eventos e outra sobre usos e apropriações do espaço público. Focaliza nas temáticas da marginalidade, insegurança urbana pela vertente dos estudos culturais e dos estudos urbanos. E-mail: guedes.i.c@gmail.com

Amanda Chevtchouk Jurno
Mestranda pelo PPGCOM-UFMG, bolsista CAPES. Bacharel em Comunicação, habilitação em Jornalismo pelo Departamento de Comunicação Social da FAFICH/UFMG em 2012/2 e pesquisadora do CCNM (PPGCOM/UFMG) e do Núcleo de Pesquisa em Conexões Intermidiáticas (PPGCOM/UFMG). Trabalha principalmente com temas ligados às novas mídias, intermídia, convergência midiática e transmídia, além de pesquisas relacionadas aos Mega Eventos. Atualmente participa do Labcon, projeto de Ensino e Pesquisa da UFMG. E-mail: amandajurno@gmail.com

Gabriel Mascarenhas Ribeiro de Paula
Graduado em Engenharia de Controle e Automação pela UFMG em janeiro de 2014. Pesquisador do CCNM. Trabalha com programação web e desenvolvimento de metodologias de pesquisas em redes sociais, Mineração de Dados, investigação de perfis comportamentais através de dados obtidos na internet. E-mail: gabrielmrdp@gmail.com

Este livro foi composto com tipografia Bembo e impresso
em papel Pólen Bold 70 g/m² na Formato Artes Gráficas.